SUTTON
VERLAG

Fröhliche Weihnachten! – Österreich
Buon Natale! – Italien
Happy Christmas! – England
Merry Christmas! – USA
Joyeux Noël! – Frankreich
Feliz Navidad! – Spanien
Feliz Natal! – Portugal
Prettige Kerstdagen! – Holland
Wesolych Swiat! – Polen
God Jul! – Schweden
Sretan Bozic! – Bosnien
Glaedelig Jul! – Dänemark
Hyvää Joulua! – Finnland
God Jul! – Norwegen
Sretan Bozic! – Kroatien
Gledileg Jöl! – Island
Linksmu Kaledu! – Litauen
Streken Bozhik! – Mazedonien
Mutlu Noeller! – Türkei
Kellemes Karacsonyt! – Ungarn
Shinnen omedeto! – Japan
Geseende Kerfees! – Afrikaans
Kala Christougenna! – Griechenland

Katharina Schmidt-Chiari

Bergweihnacht in Tirol

SUTTON
VERLAG

Die verschneite Bergwelt war stets ein beliebtes Motiv für romantische Weihnachtskarten.

Sutton Verlag GmbH
Hochheimer Straße 59
D-99094 Erfurt
www.suttonverlag.de

Verlagsrepräsentanz Österreich
Obkirchergasse 21/7
A-1190 Wien
www.suttonverlag.at

ISBN: 978-3-95400-203-0
Druck: CPI books GmbH, Leck

Inhaltsverzeichnis

Für Maggie

Vorwort

»Wer klopfet an? O zwei gar arme Leut' ...«, sangen mein Bruder und ich mit verteilten Rollen stundenlang beim Spielen. Das alte Herbergslied wurde zum Ohrwurm in der Vorweihnachtszeit, ähnlich der heute omnipräsenten Weihnachtsmusik in den Kaufhäusern. In unserer Kindheit wurden die Vorbereitungen auf das Weihnachtsfest im Advent zur lieb gewonnenen Gewohnheit. Der Besuch der Rorate-Messe, das Einstudieren von Weihnachtsliedern in der Schule, das Backen und die Bastelarbeiten zu Hause gehörten ebenso dazu wie die nachmittägliche Adventbesinnung mit Meditation zum Evangelium und Blockflötenmusik. Erst als ich meine erste Adventszeit im Ausland verbrachte, wurde mir klar, welch Reichtum an Tradition und Brauchtum mit den damit verbundenen religiösen und kulturellen Inhalten mir in meiner Kindheit in Tirol vermittelt wurde. Dass dies nicht selbstverständlich war, erkannte ich, als ich ein paar Jahre in New York lebte und eine Arbeitskollegin, die selbst in Hongkong aufgewachsen war, zu rein dekorativen Zwecken einen Weihnachtsbaum aufstellte. Ihre Kinder sollten an dem Weihnachtszauber teilhaben, dem man in ganz New York im Dezember nicht entkommt. Ein befreundetes Kind mit anderem religiösen Hintergrund kam zu Besuch und sagte zu meiner Freundin: »I feel offended by your Christmas tree.« Es fühlte sich beleidigt durch dieses christliche Symbol, das für die Familie meiner Freundin ohnehin nur Dekoration war.

Krippenspiel der Volksschule St. Anton am Arlberg
in den 1970er-Jahren.

Heute ist die Weihnachtszeit auch bei uns mitunter eine stressige Zeit. Rorate-Messen passen nicht mehr in unseren Lebensstil und für Adventbesinnung bleibt neben den medialen Ablenkungen kaum Zeit. In diesem Buch habe ich Texte, Gedichte, Lieder, Rezepte, Bräuche und Traditionen, die mir großteils aus meiner Kindheit in Tirol vertraut sind, gesammelt und beschrieben. Das Buch soll dazu beitragen, Weihnachten einfach zu einem Fest der Emotionen, Erinnerungen, Gedanken und Assoziationen werden zu lassen und es mit Inhalt zu füllen: Es ist das Hochfest der Liebe Gottes – der verheißene Messias wird Mensch auf dieser Erde.

»Das Tirolerland mit seinen abgelegenen Tälern und seinem heimattreuen Volke hat besondere Eignung, uralte Überlieferung sorgsam zu bewahren, aber auch auf seinen großen Verbindungsstraßen zwischen Nord und Süd neue Gedanken und Anregungen aufzunehmen«, schrieb Hermann Mang in seinem im Jahre 1927 erschienenen Buch »Unsere Weihnacht«. Tatsächlich kamen viele Weihnachtstraditionen aus dem deutschen Raum nach Tirol, zuletzt beeinflussten amerikanische Bräuche wie der Weihnachtsmann unser Fest, aber auch Tiroler prägten die Weihnachtsfeier in der Welt. So waren es Sänger aus dem Zillertal, die dem Salzburger Lied »Stille Nacht, Heilige Nacht« zu seinem Weltruhm verhalfen. Und was ist weihnachtlicher als die verschneite Berglandschaft Tirols mit ihren gemütlichen Bauernhäusern und romantischen Kirchtürmen? Diese herrliche Landschaft war dem Anschein nach auch Inspiration für die nostalgischen Weihnachtskarten, die dieses Buch illustrieren. Weihnachten ist für mich persönlich, von den Tiroler Bergen behütet zu sein.

Jedes Tal, jede Ortschaft, jede Familie hat ein eigenes gewachsenes Weihnachtsbrauchtum. In diesem Buch möchte ich eine Übersicht der beliebtesten Traditionen geben. Lassen Sie sich von der Adventszeit über den Weihnachtsabend, Silvester, den Neujahrstag bis hin zu Lichtmess begleiten und dabei alte Traditionen und Weisen wieder lebendig werden.

Katharina Schmidt-Chiari
St. Anton am Arlberg, im Herbst 2013

Eine handkolorierte Karte aus dem Jahr 1925.

1. Die Adventszeit

ADVENT, ADVENT, EIN LICHTLEIN BRENNT …

VOLKSTÜMLICH

Advent, Advent,
ein Lichtlein brennt!
Erst eins, dann zwei, dann drei, dann vier,
dann steht das Christkind vor der Tür!

Kinder vertreiben sich die Zeit mit Spielen im Schnee.

ADVENT – EIN ZEITBILD ANNO 1927

HERMANN MANG

Wenn im Winter die Abendsonne schon zeitig über unsere Berge wandert und die schneeigen Spitzen in tiefen Farben leuchten lässt, dann sinkt auch zeitig die Dämmerung herab und die langen Adventnächte decken Berg und Tal. Nur wenige Menschen locken Rodel und Ski zu sausender Fahrt, zumeist bleibt Jung und Alt gern beim warmen Ofen im behaglichen Heim. Dort lässt sich's so gut erzählen und lauschen, sinnen und träumen. Und nun tauchen sie auf in den langen Dunkelstunden des Winters, die Spukgestalten aus uralter Heidenzeit, Zwittergebilde von Wahn und Wahrheit, von denen die Überlieferung heimlich weiterraunt. Stärker noch erwachen Sehnsucht und Freude am Gotteskind, das in Bethlehem geboren ist und das von seiner Krippe lichtvolle Freude ausstrahlt in alle Menschenherzen, die guten Willens sind.

Seit langen Jahrhunderten schlingt sich um das Weihnachtsfest ein reicher Kranz von Bräuchen, die auf das Himmelskind hinweisen, Bräuche, die von der Kirche oder vom gestaltungsfreudigen Sinn des Volkes geschaffen wurden, und dazwischen hinein drängen sich wie lichte Elfen und dunkle Schatten heidnische Erinnerungen aus uralter Zeit.

Advent heißt Ankunft und bedeutet die Vorbereitungszeit auf das kommende Erlöserkind. Im alten Frankreich wurde der Advent schon mit dem St.-Martins-Tag begonnen; in der Kirche von Rom hatte er immer nur vier Wochen, und, da bei uns zulande von Anfang an der römische Kirchenkalender eingeführt wurde, ist bei uns wohl von jeher der vierwöchentliche Advent gewesen.

Eine Künstlerkarte von J. Schütz. ▶

DIE RORATE-MESSE – EIN ZEITBILD ANNO 1927

HERMANN MANG

Alle Tage klingt im Advent in früher Morgenstunde die große Glocke über Berg und Tal und ruft die Leute zum Rorate. »Rorate, tauet Himmel den Gerechten!« hat die Erlösersehnsucht des Alten Testaments zum Himmel gerufen und mit diesen Worten beginnt die Adventmesse. Im Jahre 1506 wurde in Brixen zum ersten Mal das Adventsrorate gehalten und bald hat sich dieser Brauch eingebürgert und ist unserm Volk so lieb geworden, dass sogar die josefinischen Einschränkungen ihn nicht zu beseitigen wagten. Trotz Nacht und Kälte kommt Groß und Klein zur Kirche, mit Kienspänen (Rentl, Buchtl) und Laternen beleuchten sie den dunklen Weg und unzählige Lichtlein wandern über Berg und Feld zur hellerleuchteten Kirche; der Zauber der Heiligen Nacht wirft seinen Lichtschein voraus. Von jedem Hause soll wenigstens ein Familienmitglied gehen, weil auf dem goldenen Amt ein besonderer Segen liegt. Der alte Spruch heißt zwar: Sankt Kathrein (25. November) stellt die Geigen ein, das gilt aber nicht für die Kirche, sondern nur für das Wirtshaus. Es sind alte Lieder, in denen die Erlösersehnsucht klingt. Oder es sind Lieder, die von der Engelsbotschaft an die seligste Jungfrau Maria erzählen. Es werden aber auch einfache Marienlieder und, gegen den heiligen Tag hin, Weihnachtslieder gesungen.

Die Kinder beleuchten den Weg zur Engelsmesse ▶
mit ihren Laternen, 1929.

14

TAUET HIMMEL DEN GERECHTEN

HEINRICH LINDENBORN

Tauet Himmel den Gerechten,
Wolken regnet ihn herab!
rief das Volk in bangen Nächten,
dem Gott die Verheißung gab,
einst den Retter selbst zu sehen
und zum Himmel einzugehen,
denn verschlossen war das Tor,
bis der Heiland trat hervor.

Voll Erbarmen hört das Flehen
Gott auf hohem Himmelsthron:
Alle Menschen sollen sehen
Gottes Heil in seinem Sohn.
Gottes Engel eilt hernieder,
kehrt mit dieser Antwort wieder:
Sieh, ich bin des Herren Magd,
mir gescheh, wie du gesagt.

Und als Mensch zu Menschenkindern
kommt des ewgen Vaters Sohn;
Licht und Heil bringt er den Sündern,
Frieden von des Himmels Thron.
Erde jauchze auf in Wonne
bei dem Strahl der neuen Sonne:
Bald erfüllet ist die Zeit.
Macht ihm euer Herz bereit!

Die Pfarrkirche St. Ulrich in Obertilliach in Osttirol.

Eine Grußkarte mit Reliefdruck aus dem Jahre 1915.

fröhliche Weihnachten

ADVENT

RAINER MARIA RILKE

Es treibt der Wind im Winterwalde
Die Flockenherde wie ein Hirt,
Und manche Tanne ahnt, wie balde
Sie fromm und lichterheilig wird,
und lauscht hinaus. Den weißen Wegen
streckt sie die Zweige hin – bereit
und wehrt dem Wind und wächst entgegen
Der einen Nacht der Herrlichkeit.

Kalenderblätter waren beliebte Motive auf Weihnachtskarten,
ca. 1930.

DIE FUCHSISCHEN REITER

VOLKSSAGE

Zwischen St. Pauls und Missian ragen etliche Sandhügel empor, von denen einer die Ruinen des Schlosses Fuchsberg trägt. Dieses hatte seinen Namen von den Rittern, später Grafen Fuchs von Fuchsberg, welche in der Landesgeschichte eine bedeutende Rolle spielten. Einer dieser reichen Herren stiftete für die Armen des Dorfes St. Pauls ein jährliches Almosen. Aus dem Ertrag der gestifteten Güter sollte immer am Heiligen Abend ein Ochse gebraten und unter den Armen verteilt werden. Auch ein guter Trunk durfte dazu nicht fehlen. Man schenkte ihnen zum Braten zwei Yhrn Wein gutes Bozner Maß aus. Die Verwaltung des gestifteten Gutes, sowie die Austeilung, wurden dem Pfarrer von St. Pauls übertragen. Lange Zeit wurde die Stiftung getreulich eingehalten, bis einmal ein Pfarrer nach St. Pauls kam, der es damit nicht mehr so genau zu nehmen pflegte. Endlich ließ er das Almosen gar eingehen, und es bekamen die Armen am Heiligen Abend nichts mehr.

Im folgenden Jahre, es war gerade am letzten Quatembermittwoch vor Weihnachten so gegen Abend, da kamen auf einmal durch das Unterdorf spindeldürre Männer mit langen weißen Bärten und ellenlangen rostigen Schwertern auf fahlgelben, zaunmageren Rossen heran geritten und hielten vor dem St. Paulser Widum. Es waren die Herren Fuchs von Fuchsberg, die dem Grabe entstiegen waren, um den Pfarrer an die Stiftung zu mahnen. Vor dem Widum zogen sie ihre Schwerter aus den Scheiden und schwangen dieselben mit ihren knöcherigen Händen drohend in der Luft. Der Pfarrer erinnerte sich sofort der vernachlässigten Almosenspende und gab den Rittern das heilige Versprechen, die Stiftung in Zukunft wieder fleißig einzuhalten. Darauf entfernten sich die Reiter auf demselben Wege, den sie gekommen waren.

»Der erste Schnee«, Ludwig Richter.

BRATÄPFEL

Zutaten FÜR 4 PORTIONEN:

4	GROSSE ÄPFEL
	ZITRONENSAFT
200 G	WEICHE BUTTER
4 EL	GEHACKTE MANDELN
4 EL	ROSINEN
2 EL	STAUBZUCKER
2 TL	ZIMT

Zubereitung:

Den Ofen auf 220°C vorheizen.

Das Kerngehäuse aus den Äpfeln entfernen und die Früchte innen mit Zitronensaft beträufeln – so werden sie nicht braun.

Butter, Mandeln und Rosinen verrühren und mit Staubzucker, Zimt und Zitronensaft abschmecken.

Die Buttermasse in die Äpfel füllen und diese in eine Auflaufform setzen, in den Ofen schieben und ca. 40 Minuten braten. Nach der Hälfte der Bratzeit eventuell mit Alufolie abdecken, damit die Äpfel nicht verbrennen.

Die Bratäpfel mit der zerlaufenen Butter aus der Auflaufform begießen und auf Tellern anrichten und sofort servieren – am besten mit Vanilleeis.

Zubereitungszeit: ca. 1 Stunde

DER BRATAPFEL

VOLKSGUT

Kinder, kommt und ratet,
was im Ofen bratet!
Hört, wie's knallt und zischt.
Bald wird er aufgetischt,
der Zipfel, der Zapfel, der Kipfel,
der Kapfel, der gelbrote Apfel.

Kinder, lauft schneller,
holt einen Teller,
holt eine Gabel!
Sperrt auf den Schnabel
für den Zipfel, den Zapfel,
den Kipfel, den Kapfel,
den goldbraunen Apfel!

Sie pusten und prusten,
sie gucken und schlucken,
sie schnalzen und schmecken,
sie lecken und schlecken
den Zipfel, den Zapfel,
den Kipfel, den Kapfel,
den knusprigen Apfel.

- Gibt St. Barbara Regen, bringt der Sommer wenig Segen.

- Herrscht im Advent recht strenge Kält', sie volle 18 Wochen hält.

- Fließt Nikolaus noch der Birkensaft, dann kriegt der Winter keine Kraft.

- Auf kalten Dezember mit tüchtigem Schnee folgt fruchtbar Jahr mit reichlich Klee.

- Bleibt im Dezember der Winter fern, so nachwintert es gern.

- Bringt Dezember Kälte ins Land, dann wächst das Korn selbst auf dem Sand.

- Dezember dunkel, nicht sonnig und klar, verheißt ein gutes fruchtbares Jahr, ein nasser macht es unfruchtbar.

- Dezember kalt mit Schnee, gibt Frucht auf jeder Höh.

- Dezember mild und mit viel Regen ist für die Saat kein großer Segen.

- Dezemberwärme hat Eis dahinter.

- Donnert's im Dezember gar, kommt viel Wind das nächste Jahr.

- Ein dunkler Dezember bringt ein gutes Jahr, ein nasser aber macht es unfruchtbar.

- Es folget allezeit und immerdar auf kalten Dezember ein fruchtbar' Jahr.

- Je dunkler es überm Dezemberschnee war, desto mehr leuchtet Segen im künftigen Jahr.

Eine Tiroler Heuhütte versinkt im Schnee.

Maria Ferschl verfasste im Jahr 1954 den Text des beliebten Advent-liedes »Wir sagen euch an den lieben Advent«, Gotteslob Nr. 115.

Lautlos die Zeiten gleiten

Anton Renk

Lautlos die Zeiten gleiten
Und alle Wasser ruh'n
Und blasse Engel schreiten
Auf Silberflockenschuh'n.
Dein Ohr hat nichts vernommen
Und nichts ersah dein Blick,
Und dennoch ist gekommen
Ein längst vergeß'nes Glück.

Ein verträumtes Motiv aus dem Jahr 1940.

Die Geschichte der Weihnachtskarte beginnt in England Mitte des 19. Jahrhunderts. Der junge englische Lord Sir Henry Cole hatte gerade wenig Zeit für das damals übliche Briefeschreiben an Freunde, Bekannte und Verwandte mit ausführlichen Glück- und Segenswünschen. In seinem Auftrag kreierte der Illustrator und Maler John Callcott Horsley im Jahre 1843 eine Weihnachtskarte mit dem Text »Merry Christmas and a Happy New Year to You«. Er ließ sich von typisch christlichen Motiven inspirieren und erschuf ein Bildnis von einem Altar. Das Bild zeigte ein Familienfest von Reben und Zweigen umrahmt, durch das Wohltätigkeit und Fröhlichkeit signalisiert werden sollten. Die Karte hatte ungefähr das heutige Standard-Postkartenformat. In seiner eigenen Lithographenanstalt druckte Henry Cole tausend Exemplare, die von Hand koloriert wurden. Der Preis pro Karte betrug einen ganzen Schilling – in früheren Zeiten eine stattliche Summe.

Die englische Tradition fasste 30 Jahre später in den Vereinigten Staaten Fuß. Wettbewerbe um die schönsten Weihnachtskarten und neue Drucktechniken mit zahlreichen Farben ließen die Popularität von Weihnachtskarten ansteigen. Um 1900 begann die Weihnachtskarte sich auch im deutschsprachigen Raum durchzusetzen. Als Grußkarten wurden diese mit Motiven, wie dem Weihnachtsmann oder christlichen Figuren, ausgestattet. Aber auch verschneite Berg- und Waldlandschaften waren äußerst beliebte Motive. Die zeitgleiche Einführung der Briefmarke ließ die Popularität von Weihnachtskarten weiter steigen.

Heute sind neben E-Cards auch gedruckte Karten weiterhin sehr beliebt. Sie können vielfach veredelt werden. Von Prägungen, Lackierungen und Stanzungen bis hin zur Beflockung sind der Kreativität keine Grenzen gesetzt. Selbstgestaltete Fotokarten oder liebevoll handgefertigte Eigenkreationen flattern weiterhin per Post ins Haus, oftmals versehen mit Weihnachtssonderbriefmarken, die der verstorbene Tiroler Altbischof Reinhold Stecher noch im Jahr 2012 entwarf.

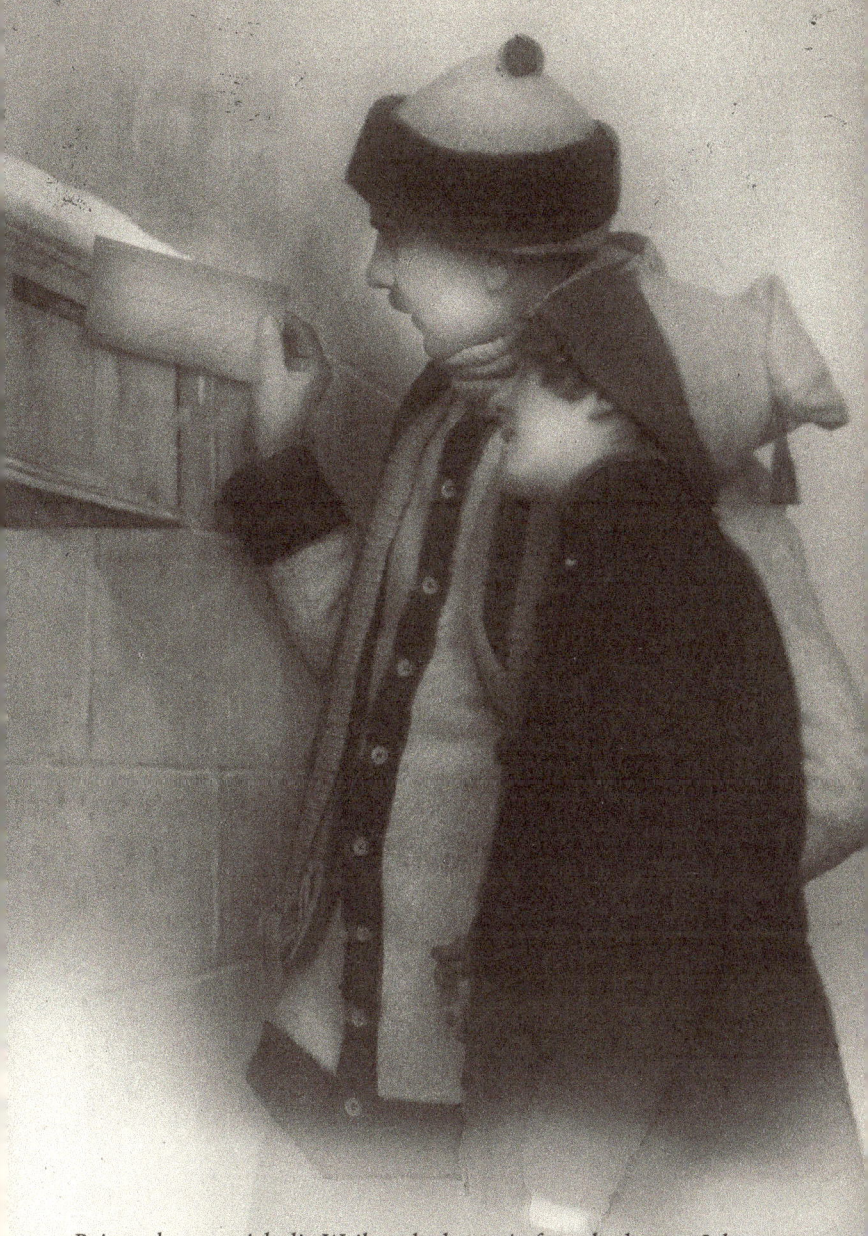

*Bei uns begann sich die Weihnachtskarte Anfang des letzten Jahr-
hunderts durchzusetzen, diese wurde im Jahr 1932 versandt.*

Tannenbaum-Weihnachtskarte

Bastelanleitung

Material:
Farbige Klappkarten, grünes Papier und Papierreste in Gelb und anderen bunten Farben, Schere und Alleskleber.

Anleitung:
Drei bis vier Bögen quadratisches grünes Papier werden diagonal gefaltet, Kante auf Kante und Spitze auf Spitze.
Wenn alle Papiere so gefaltet sind, mit etwas Abstand übereinanderlegen, mit ein paar Tupfern Alleskleber zusammen- und auf der Klappkarte festkleben.
Aus den bunten Papierresten längliche Streifen ausschneiden und auf den entstandenen Tannenbaum kleben.
Aus gelbem, orangefarbenem oder goldenem Papier die Flammen schneiden und über die bunten Rechtecke kleben.
Je nach Geschicklichkeit und Bastelresten kann der Baum einfacher oder aufwändiger gestaltet werden.

◀ *Selbstgestaltete Fotokarten oder liebevoll handgefertigte Eigenkreationen flattern weiterhin per Post ins Haus.*

OSTTIROLER NIKOLAUSSPRUCH

VOLKSMUND

O liebster Heiliger Nikolaus,
Komm doch zu mir ins Haus,
Und leer dein Sackl aus,
Beutle viel Glück und Segen heraus,
Den Krampus lass aber nicht herein,
Dann nimmt er die Rute und weicht sie ein,
und haut aber schon ganz sakrisch drein.

»Ist in dem Schuh ein kleines Loch, der schlaue
Krampus findet's doch!«

O LIEBSTER NIKOLAUS, KOMM DOCH ZU MIR INS HAUS ...

VORWEIHNACHTLICHES BRAUCHTUM

Die Vorweihnachtszeit war in Tirol lange geprägt von den Festtagen großer Heiliger, die Leben in die stille Adventszeit brachten.

St. Barbara mit dem Turm,
St. Margaretha mit dem Wurm,
St. Katharina mit dem Radl,
das sein die drei heiligen Madl.

Am 4. Dezember ist der Tag der heiligen Barbara. Sie gilt als Schutzfrau der Bergleute, der Baumeister und Turmwächter. An ihrem Tag steckt man einen Kirschzweig ins Wasser und stellt ihn in die warme Stube. Wenn er zu Weihnachten erblüht, geht der Wunsch in Erfüllung, den man auf einem Zettel an jener Knospe befestigt hat, die als Erste aufgeht.

Als der große Heilige der Vorweihnachtszeit gilt der heilige Nikolaus. Viele Kirchen in Tirol sind ihm geweiht. Jahrhundertelang war sein Tag gebotener Feiertag. St. Nikolaus ist Patron der Schifffahrt und gegen alle Wassergefahr sowie Helfer auf gefährlichen Wegen. Aus Lappach ist eine Sage bekannt, aus der hervorgeht, dass er bei Lawinengefahr schützend wirkt: Eine Hexe rief hoch in den Felsen einer anderen zu: »Druck abi, druck abi!«, worauf die andere erwiderte: »I kann nit, i kann nit, der alte St. Nikolaus steht mit sein Buckel für!« Wegen seiner Hilfe in Zeiten der Hungersnot ist er zudem Schutzheiliger der Bäcker, die ihn an seinem Tag mit Nikolausbrot aus weißem Mehl ehren.

Am beliebtesten ist St. Nikolaus bei den Kindern. Schon lange vorher freuen sie sich auf den Besuch des heiligen Nikolaus. Sie stellen im Stall, im Stadel oder auch vor einem Fenster ein Büschel Heu oder eine Schüssel mit Hafer für den Schimmel des heiligen

Nikolaus' bereit und platzieren einen Schuh mit ihrem Namen vor dem Fenster, damit der heilige Nikolaus seine Gaben hineinlegen kann. Frühmorgens wird gleich nach dem Aufstehen nachgeschaut. Die erwarteten Gaben sind da, aber der Nikolaus ist nicht zu sehen. Der Einlegebrauch ist auch heute noch beliebt.

In vielen Orten zeigt sich der heilige Nikolaus den Kindern in Begleitung von Krampussen. In Mühlbach sagen die Kinder in Erwartung des Nikolaus' diesen Spruch auf:

> *Jetzt kommt der heilige Nikolaus*
> *Und fragt die kleinen Kinder aus.*
> *Ob sie glauben an einen Gott*
> *Und ob sie halten die Gebot.*
> *Kindlein, tut nur nicht weinen,*
> *der Luzifer wird auch erscheinen*
> *Und wenn er euch verführen will,*
> *So wendet euch an mich!*

Dieser Spruch stammt wahrscheinlich aus einem Nikolausspiel und wurde von einem der Engel-Herolde gesprochen, einer beliebten Figur in der jahrhundertealten Tradition der Nikolausspiele in Tirol, ebenso wie Jäger, Hirten, wilde Männer, Einsiedler, Bettler, Räuber und Hausierer. In Prags und in Reith bei Brixlegg gibt es heute noch große Nikolausspiele und in St. Martin, Moos, St. Lorenzen, Gais, Terenten, Alpbach und Pfunds kleinere.

Lange bevor Hermann Mang das Geschehen am Nikolaustag im Jahr 1927 ungefähr wie folgt beschrieb, und auch in den Jahrzehnten danach, spielte sich eine solche Szene wohl in vielen Tiroler Häusern ab:

> *Schließlich geht die Haustüre auf, schwere Schritte und Ket-*
> *tenrasseln sind zu hören und der heilige Nikolaus kommt*
> *bei der Stubentüre herein in langen weißen Gewändern oder*
> *einem Mantel über den Schultern, eine hohe Bischofsmütze*

auf dem Haupt und ein Bischofsstab in der Hand. Er hat einen langen weißen Bart, seine Augen schauen freundlich. Hinter ihm ist der fürchterliche Klaubauf mit Hörnern auf dem Kopf und Ketten, Ruten und einem großen Korb am Rücken. Die Kinder trauen sich kaum aufzublicken und sagen bang ihr Sprüchlein auf. Der heilige Nikolaus schaut aber so mild und väterlich drein, dass die Kinder Mut bekommen, auf seine Fragen nach dem Bravsein zu antworten und so zu zeigen, dass sie reinen Herzens auf das kommende Christkind warten. Und wenn der Nikolaus auch noch von den Eltern gute Auskunft über das Verhalten der Kinder erhält, dann teilt er seine Gaben aus und bringt die Kinderaugen zum Leuchten. Falls die Kinder keine Antworten wissen oder sogar die Eltern Klagen vorbringen, dann wird der heilige Nikolaus ernst und erhebt drohend seine Finger. Dann rasselt auch der Klaubauf mit seinen Ketten und dreht seinen Korb her und droht das Kind hinein zu stecken. Weil aber die Kinder zumindest um die Nikolauszeit meist recht brav sind, hat der Klaubauf nicht viel zu tun, sein Schrecken vergeht, dafür hinterlässt der heilige Nikolaus mit seinen Gaben jubelnde Freude.

»Knecht Ruprecht, Kind und Hündchen«, Ludwig Richter

GRUSS VOM NIKOLO

In Tirol ziehen am Nikolausabend Burschen als wilde Gestalten vermummt mit Kuhschellen und Ruten durch die Ortschaften. Die Peaschtln toben schon am Perchten- und Teufeltag, dem 5. Dezember, in Begleitung von Hexen, machen viel Lärm und Klamauk und haben ihre historischen Wurzeln im Geisterglauben früherer Zeiten. Sie sollten mit ihren furchterregenden Fratzen die harten Geister des Winters bannen. Heute sind die Perchtenumzüge fester Bestandteil im Adventprogramm rund um die Weihnachtsmärkte, aber auch stolzer Ausdruck eigenständigen lokalen Brauchtums in einer globalisierten Welt. Aus Nikolausspiel und Perchtenbrauch hat sich in Osttirol das Klaubaufgehen mit den typischen Heischegestalten des Lotters und der Litterin entwickelt. Nach dem Nikolausbesuch stürmen die Klaubäufe in die Stube, haben es besonders auf die Mädchen abgesehen, aber verschonen auch die Männer nicht und stoßen sie ins Freie. Häufig kommt es zu kontrollierten Raufereien. Im Gadertal und Gröden begleiten die Malans oder Malangs den Nikolaus, in Fassa sind Krampusse und Engel an seiner Seite.

Die Schreckgestalt, die einst den Nikolaus beim Einkehrbrauch begleitete, sei es der Knecht Ruprecht, Klaubauf, Krampus, Stubenkehrer oder Wauwau, ist heute aus den Kindergärten verbannt, denn Angst als Erziehungsmittel entspricht nicht mehr moderner Pädagogik. Dafür erfahren die Krampusbräuche in den letzten Jahren einen ungeahnten Aufschwung. Sogar Einkaufszentren locken im Dezember mit Krampalar-Läufen und Perchtenshows mit spektakulären Feuereinlagen Kunden an.

◄ *Der heilige Nikolaus verteilt seine Gaben.*

Lasst uns froh und munter sein

Altes Volkslied

Lasst uns froh und munter sein
und uns recht von Herzen freu'n!
Lustig, lustig, traleralera!
Bald ist Niklausabend da,
· bald ist Niklausabend da!

Dann stell' ich den Teller auf,
Niklaus legt gewiss was drauf.
Lustig, lustig, traleralera!
Bald ist Niklausabend da,
bald ist Niklausabend da!

Wenn ich schlaf', dann träume ich:
Jetzt bringt Niklaus was für mich.
Lustig, lustig, traleralera!
Bald ist Niklausabend da,
bald ist Niklausabend da!

Wenn ich aufgestanden bin,
lauf' ich schnell zum Teller hin.
Lustig, lustig, traleralera!
Bald ist Niklausabend da,
bald ist Niklausabend da!

Niklaus ist ein guter Mann,
dem man nicht genug danken kann.
Lustig, lustig, traleralera!
Bald ist Niklausabend da,
bald ist Niklausabend da!

Eine österreichische Nikologrußkarte.

Maria Empfängnis am 8. Dezember ist seit 1854 ein kirchlicher Feiertag, war im vorweihnachtlichen Volksleben aber nie besonders bedeutsam. Heute wird der Feiertag hauptsächlich zum Einkaufen genutzt, wie in Südtirol auch der Goldene Sonntag, der vierte Adventsonntag. Am 8. Dezember nahmen in den letzten Jahren mehrere Hundert Läufer am Sterntalerlauf in Hall teil. In Anlehnung an das Märchen vom Sterntaler schmückten hundert Spiegelsterne die Gassen der Altstadt. Als Dank für die Teilnahmespende für einen guten Zweck erhielt jeder Läufer einen Holzstern der Lebenshilfe Hall.

»Thuma kehrt den Tag uma«, heißt es im Pustertal und ähnlich im Inntal, denn am einstigen Thomastag, dem 21. Dezember, ist die Nacht am längsten. Viele Traditionen sind mit dem Thomastag verbunden, wie das Zeltenbacken am Vorabend und das Schweineschlachten. Das Schlachtfleisch wurde früher am Thomasmarkt angeboten. Die Thomasnacht war auch mit Los- und Orakelbräuchen verbunden.

Im Unterinntal zogen die Mädchen an diesem Tag aus dem Holzstoß ein Scheit. So wie dieser aussah, so auch der zukünftige Mann: gerade oder krumm, groß oder klein, glatt oder rau. Zum gleichen Zweck wurde im Unterinntal die Bettstaffel getreten. Heiratslustige Mädchen stellten vor dem Schlafengehen einen Schemel vor das Bett und sagten einen Spruch auf:

> *Bettstaffel, ich tret' dich,*
> *Heiliger Thomas, ich bitt dich,*
> *Lass mich sehen den Herzallerliebsten mein*
> *Diese heilige Nacht.*

Stillschweigend musste das Mädchen ins Bett gehen, dann würde es in der Nacht den Zukünftigen sehen.

An manchen Orten wurde in dieser Nacht Blei gegossen und aus den entstandenen Figuren auf den Beruf oder die Art des Liebsten oder auf die Zukunft überhaupt geschlossen.

Im Unterinntal zogen am Thomastag die Mädchen aus dem Holz-stoß einen Scheit, dessen Form auf das Aussehen des Zukünftigen schließen ließ: gerade oder krumm, groß oder klein, glatt oder rau.

STERNTALER

BRÜDER GRIMM

Es war einmal ein kleines Mädchen, dessen Vater und Mutter gestorben waren. Die Eltern hatten ihr nichts hinterlassen und sie war so arm, dass sie kein Kämmerchen mehr hatte, um darin zu wohnen und kein Bettchen mehr hatte, um darin zu schlafen.

Irgendwann hatte sie gar nichts mehr außer den Kleidern auf dem Leib und einem Stück Brot in der Hand, welches ihr ein gutes Herz geschenkt hatte. Sie war aber gut und fromm. Und weil sie so von aller Welt verlassen war, ging sie im Vertrauen auf den lieben Gott hinaus ins Ungewisse. Da begegnete ihr ein armer, alter Mann, der sprach: »Ach bitte, ich bin so hungrig. Gib mir etwas zu essen!«

Da reichte sie ihm das ganze Stück Brot und sagte: »Gott segne's dir!«, und ging weiter.

Da kam ein Kind, das jammerte und sprach: »Es friert mich so an meinem Kopfe! Bitte schenk mir etwas, womit ich ihn bedecken kann.«

Da nahm sie ihr Mützchen ab und gab es ihm. Und als sie noch ein Stück gegangen war, kam wieder ein Kind, das hatte kein Leibchen an und fror. Da gab sie ihm seins. Und noch ein Stück weiter, da bat eins um ihr Röcklein und das gab sie auch noch hin.

Endlich gelangte sie in einen Wald. Es war schon dunkel geworden. Da kam noch ein Kind und bat um ein Hemdchen. Das fromme Mädchen dachte: »Die Nacht ist dunkel, da sieht mich niemand. Ich kann wohl auch mein Hemd weggeben«, und zog das Hemd ab und gab es auch noch hin.

Und wie es so stand und gar nichts mehr hatte, fielen auf einmal die Sterne vom Himmel und waren lauter harte, blinkende Taler. Und auch wenn sie ihr Hemdlein weggegeben hatte, so hatte sie ein neues an und das war vom allerfeinsten Linnen. Da sammelte sie die Taler hinein und war reich für ihren Lebtag.

»Das Kind gibt dem alten Mann sein Brot«, Ludwig Richter.

»Das Kind fängt die Sterntaler im Hemd auf«, Ludwig Richter.

Symbolisch gesehen steht der mit vier Kerzen geschmückte Adventkranz für die Kraft des Lichts, das die Dunkelheit vertreibt. Das
Licht versinnbildlicht Hoffnung und Abwehr des Bösen.

Der Adventkranz ist die Erfindung eines norddeutschen Theo-
logen und Sozialpioniers. Johan Wichern (1808–1881) gilt als
Begründer der Vorläuferorganisation der heutigen evangelischen
Diakonie. In seiner Hamburger Anstalt der Inneren Mission wollte
er den Kindern die Wartezeit auf Weihnachten verkürzen. In seinen
Tagebüchern ist nachzulesen, dass er bereits am ersten Advent 1838
bunte Wachskerzen kranzförmig aufstellte. Er brachte auf einem
hölzernen, wagenradgroßen Kronleuchter des Betsaales Kerzen für
jeden Tag der Adventszeit an und schuf auf diese Weise den ersten
Adventkranz. Je nach Lage des Weihnachtsfests im Jahreskalender
wechselte die Anzahl der Kerzen. Für das Jahr 1851 wird auch von
Schmuck mit Tannengrün berichtet. Wichern sah vier große weiße
Kerzen für die Adventsonntage vor, dazwischen 18 bis 24 kleine
rote Kerzen für die Werktage bis einschließlich des 24. Dezember.
Der Theologe wollte wahrscheinlich mit sogenannten Kerzenan-
dachten in der dunklen Winter- und Adventszeit ein wenig Licht in
das Leben seiner Schützlinge im Rauhen Haus, einem Kinderheim,
bringen. Die ihm anvertrauten Kinder wuchsen in Familien mit
zehn bis zwölf Zöglingen auf, ein innovatives Konzept, das eine
Abkehr von den damals üblichen Erziehungskasernen bedeutete.

Nach und nach verbreitete sich der Adventkranz von Nord-
deutschland weiter, zunächst gewiss mit den von Wichern aus-
gebildeten Hausvätern. In den Jahren nach dem Ersten Weltkrieg
verhalf die Jugendbewegung dem Adventkranz zu seiner heutigen
Verbreitung. Der Adventkranz setzte sich allmählich in der Kirche durch und fand schließlich seinen Weg in die Wohnzimmer,
allerdings kleiner und nur noch mit vier Kerzen für die Sonntage

Heute sind Adventkalender in immer kreativeren Varianten auf dem Markt.

ausgestattet. Dieser schöne Brauch ist also noch gar nicht so alt. Noch zu Beginn des 20. Jahrhunderts war er in kaum einer Tiroler Familie bekannt. In Österreich verbreitete sich der Adventkranz erst nach 1945. Die Segnung des Adventkranzes in der Kirche ist ein ganz neuer Brauch.

Der Adventkalender verbreitete sich fast zeitgleich. Die Kinder öffnen im Dezember jeden Tag bis zum Heiligen Abend eines der 24 Türchen. In der ersten Hälfte des 20. Jahrhunderts gab es die ersten gedruckten Adventkalender mit religiösen Bildern und Gedanken als Vorbereitung auf das Weihnachtsfest. In den 1950er-Jahren legte man in Tirol für jede gute Tat einen Strohhalm in die Krippe. Heute sind die Adventkalender in immer kreativeren und kommerzielleren Varianten auf dem Markt. Bei den Kindern sind Markenkalender der Spielzeughersteller beliebt. Auf den Christkindlmärkten werden ganze Häuser zu Adventkalendern umfunktioniert.

Auch der Adventkranz geht mit der Mode. Seine Beliebtheit hat in den vergangenen mehr als 100 Jahren immer weiter zugenommen.

TIROLER KIACHLN

Zutaten FÜR CA. 20 STÜCK:

1 KG	MEHL
1 PKG.	GERM (ODER 2 PKGN. TROCKENGERM)
2	EIDOTTER
1/2 L	LAUWARME MILCH VERDÜNNT MIT
1/8 L	WASSER
	ETWAS SALZ
	EINIGE ANISSAMEN
	FETT ZUM BACKEN
	PREISELBEERMARMELADE ODER SAUERKRAUT
	STAUBZUCKER

Zubereitung:

Alle Zutaten für den Teig gut mischen und mit einem Kochlöffel abschlagen. Es soll ein weicher Germteig entstehen. Den Teig etwa 30 Minuten gehen lassen.

Wenn der Teig auf die doppelte Höhe aufgegangen ist, löffelgroße Kugeln ausstechen und mit einem Tuch bedeckt kurz rasten lassen.

Im Anschluss die Kiachln so ausziehen, dass in der Mitte ein Häutchen entsteht und am Rand ein dicker Wulst.

Die Kiachln mit der oberen Seite zuerst in heißes Backfett geben und damit immer wieder übergießen. Letztendlich umdrehen und fertigbacken.

Zum Abschluss Sauerkraut oder Preiselbeeren in die Mitte füllen oder einfach etwas Staubzucker darüber streuen.

Zubereitungszeit: ca. 1 Stunde

Die Klöpflnächte

Das Anklöpfeln im Tiroler Unterland zählt zum immateriellen Kulturerbe Österreichs. Im Jahr 2011 wurde es in die Liste des UNESCO Weltkulturerbes aufgenommen und beschrieben: Das Anklöpfeln ist ein im Tiroler Unterinntal gepflegter Brauch. Dabei verkleidet sich eine Gruppe zumeist männlicher Sänger als Hirten und stattet danach an den drei Donnerstagen vor Weihnachten (Klöpflnächte) den Häusern der Nachbarschaft einen Besuch ab. Die Sänger werden in das Haus gebeten und stimmen dort einige Lieder an, die die Weihnachtsbotschaft von der Geburt Jesu verkünden.

Mit den unterschiedlichsten Bettelliedern und Spottreimen zogen die Anklöckler oder Anklöpfler früher von Hof zu Hof und erhielten für ihre Segenswünsche Naturalien. Auch heute ist der Brauch noch weit verbreitet. Im Sarntal sind die Anklöckler vermummt und lärmen, in Schlanders schweigen sie oder sprechen mit verstellten Stimmen. Als Leviten verkleidet mit einer Bacchusfigur kennt man die Anklöpfler in Stans. Die Klöpfler werden bewirtet und singen vor dem Weiterziehen ein Danklied.

Heute ist die heilige Klöcklnacht

Danklied aus dem Weitental

Heute ist die heilige Klöcklnacht
Zu Ehren, das Gottvater erschaffen hat.
Die Schüsselen klingen, die Spreißelen krachen,
Die alte Frau Mutter tut Krapflen backen.
Wenns eppas wöllts geben, so gebts es heraus,
Wir müssen noch schnell in ein anderes Haus.

Glückliches Neujahr

Eine spezielle Form der Herbergsuche ist das Frautragen. Ein Marienbildnis von der Herbergsuche wird jeden Tag zu einer anderen Familie gebracht, die eine Andacht vor dem Hausaltar hält.

Ursprünglich stammt die Herbergsuche mit verteilten Rollen aus dem Weihnachtsspiel. Anklöpfellieder stehen heute auch auf dem Programm der beliebten Adventsingen. Die Familie Gundolf bietet jeden Samstag im Dezember ein stimmungsvolles Adventkonzert mit Adventbläsern, Tiroler Stubenmusik und traditionellen Adventliedern im »Gasthaus Sandwirt« am Inn an. Der Wiltener Advent findet schon seit 30 Jahren statt. Die Wiltener Sängerknaben und weitere Musikgruppen stimmen die Besucher in der Basilika Wilten auf Weihnachten ein.

»Weihnachtsabend«, Ludwig Richter.

◀ *Eine Grußkarte anno 1908.*

WER KLOPFET AN?

VOLKSLIED AUS TIROL
(MIT VERTEILTEN ROLLEN ZU SINGEN)

Wer klopfet an? – O zwei gar arme Leut'. –
Was wollt ihr dann? – O gebt uns Herberg' heut.
O, durch Gottes Lieb' wir bitten, öffnet uns doch eure Hütten. –
O nein, o nein! – O lasset uns doch ein! –
Das kann nicht sein. – Wir wollen dankbar sein. –
Nein, es kann einmal nicht sein,
drum geht nur fort, ihr komm nicht rein!

Wer vor der Tür? – Ein Weib mit seinem Mann. –
Was wollt denn ihr? – Hört unsre Bitte an:
Lasset uns bei euch heut' wohnen,
Gott wird euch schon alles lohnen –
Was zahlt ihr mir?! – Kein Geld besitzen wir. –
Dann fort von hier! – O öffnet uns die Tür! –
Ei, macht mir kein Ungestüm, da packt euch, geht wo anders hin!

Da geht nur, geht! – O, Freund, wohin, wo aus? –
Zum Viehstall dort! – Geh, Josef nur hinaus!
Sei es denn durch Gottes Willen, wollen wir die Armut fühlen. –
Jetzt packt euch fort! – O, das sind harte Wort'! –
Zum Viehstall dort! – O, welch ein harter Ort! –
Ei, der Ort ist gut für euch, ihr braucht nicht viel, da geht nur gleich!

Bis 1905 durften die Mitteilungen ausschließlich im Bildteil erfolgen, ▸
da das Adressfeld auf der Rückseite der Karten noch ungeteilt war.

Liebe hl. Petta!

Herzlichen Gruß und

Fröhliches Weihnachtsfest.

Dein Mutter

Das Christkind wurde oft als Engel dargestellt, Weihnachtsgrüße aus dem Jahr 1914.

2. Weihnachten

DENKT EUCH, ICH HABE DAS CHRISTKIND GESEHEN

ANNA RITTER

Denkt euch, ich habe das Christkind gesehen!
Es kam aus dem Walde, das Mützchen voll Schnee,
mit rotgefrorenem Näschen.

Die kleinen Hände taten ihm weh,
denn es trug einen Sack, der war gar schwer,
schleppte und polterte hinter ihm her.

Was drin war, möchtet ihr wissen?
Ihre Naseweise, ihr Schelmenpack –
denkt ihr, er wäre offen der Sack?

Zugebunden bis oben hin!
Doch war gewiss etwas Schönes drin!
Es roch so nach Äpfeln und Nüssen!

Detail einer Karte aus dem Jahre 1929.

Manchmal scheint es, als ob der Advent in Tirol erfunden worden wäre. Verschneite Berge, erwartungsvolle Gesichter, Kinderlachen, der Duft nach Glühwein, Zimt ... Die Weihnachtsmärkte in Tirol gehören zu den schönsten und stimmungsvollsten der Welt. Eingebettet zwischen Berge, die unter ihrer Schneelast herunter zu rücken scheinen, mitten in die festlich geschmückten Städte und Dörfer, liegen sie da wie funkelnde Perlen, nach denen man greifen möchte ... Einheimische und Gäste flanieren durch die mit handwerklichen und kulinarischen Kostbarkeiten bestückten Stände, gönnen sich warme, duftende Getränke gegen die klirrende Kälte, ein paar heiße Maroni ...

So werden die Christkindlmärkte von der Tirol Werbung angepriesen.

Die Weihnachtsmärkte wurden bei uns in der zweiten Hälfte des 20. Jahrhunderts beliebt. Davor kannte man seit dem 17. Jahrhundert kleinere Nikolausmärkte und den Thomasmarkt. Neben den kulinarischen Angeboten wie den köstlichen Kiachln und würzigem Glühwein bieten die Standler nostalgische Weihnachtsgeschenke zum Kauf an. Anklöpfler, Krampusse, Perchten- und Nikoloumzüge, Turmbläser, Posaunenchöre, Blasmusik, Christkindleinzüge und Krippenschauen gehören heute zum stimmungsvollen Rahmenprogramm.

Viele Märkte haben sich besonders auf kleine Besucher eingestellt. Ponyreiten, Bastelmöglichkeiten und Märchenaufführungen verkürzen die Zeit des Wartens auf den Nikolo, den Heiligen Abend und die Heiligen Drei Könige.

Der Christbaum vor dem Goldenen Dachl wird seit den 1930er-Jahren aufgestellt.

Der Christkindlmarkt in Bozen

Den Christkindlmarkt in Bozen gibt es seit mehr als zwanzig Jahren. Auf dem Walther-Platz im historischen Zentrum werden die Standln vom gotischen Dom überragt. Weihnachtliche Melodien der Dudelsackspieler erklingen. Achtzig Aussteller bieten typische Südtiroler Handwerkskunst und Spezialitäten wie die berühmten Bozner Zelten an. Ein besonderer Zauber wohnt dem Winterwald im Palais Campofranco inne, das nur wenige Schritte vom Christkindlmarkt entfernt liegt, sowie dem Max-Valier-Gebäude in der Poststraße mit dem riesigen Adventkalender.

Der Brixner Weihnachtsmarkt

Der Brixner Weihnachtsmarkt verleiht der ältesten Stadt Südtirols einen besonderen Charme. Inmitten der Holzhäuschen auf dem Domplatz thront ein großer Weihnachtsbaum, der in nordeuropäischer Tradition geschmückt ist. Das Krippenmuseum in den Renaissanceräumen der Hofburg ist ebenso beliebt wie das Dampfkarussell und die Pferdekutschen. Drehorgelspieler und Chöre stimmen Weihnachtslieder an und verbreiten eine friedvolle Stimmung.

Der Weihnachtsmarkt in Bruneck

Der Weihnachtsmarkt in Bruneck im Pustertal findet auf dem Graben und dem Tschurtschenthaler Park in der historischen Altstadt unterhalb des bischöflichen Schlosses statt. Die kleinen Holzbuden sind eingehüllt in die Musik der Bläser, Posaunen- und Alphorngruppen. Die Weihnachtsmarktstände bieten Tannenbaumkugeln, Holzspielzeug und Spezialitäten wie Roggenbrot mit köstlichem Speck sowie Glühwein an.

Geschäftiges Treiben in Bozen, 1925.

Der Adventmarkt in Hall

Beim Adventmarkt in Hall gibt es von Ende November bis zum Weihnachtsabend für die ganze Familie ein breites Angebot mit traditionellem Handwerk und regionalen Spezialitäten. Bemerkenswert ist das Beleuchtungskonzept am Oberen Stadtplatz und in der Haller Altstadt.

Imster Advent in den Bergen

Von Ende November bis Weihnachten erleben Besucher des Advents in den Bergen den Reichtum des alpenländischen Weihnachtszaubers in einer bunten Vielfalt. Ein beliebtes Spektakel ist der traditionelle Krampusumzug in Tarrenz. Am 5. und 6. Dezember sorgen die jungen Burschen der Gemeinde für ein sehenswertes Höllenspektakel. Der Weihnachtsmarkt in der Innenstadt lädt zum Verweilen ein und der Krippenpfad präsentiert Kunst unter freiem Himmel.

Die Innsbrucker Bergweihnacht

Die Innsbrucker Bergweihnacht beginnt Mitte November und bietet bis zum 6. Jänner einen bunten Reigen an weihnachtlichen Veranstaltungen. Vom Goldenen Dachl bis hinauf auf 2.000 Meter Höhe in die Berge der Nordkette erwartet den Besucher vorweihnachtliche Stimmung. Innsbruck beeindruckt mit über 180 Weihnachtsständen auf fünf Weihnachtsmärkten. Die Innsbrucker Altstadt, die Maria-Theresien-Straße, die Hungerburg und der Marktplatz sind ganz auf die Vorweihnachtszeit eingestellt. Überall gibt es Kunsthandwerk, Punsch und traditionelle Speisen wie Kiachln und Spatzln.

Diese Innsbrucker Weihnachtsgrüße wurden vor genau 100 Jahren verschickt. Das Bild erinnert an den Innsbrucker Christkindleinzug durch die Maria-Theresien-Straße, den Marktgraben, die Herzog-Otto-Straße und die Herrengasse, der 21 Jahre später, 1934, erstmals stattfand. In vielen weiteren Tiroler Orten wie Silz oder Igls gibt es heute Christkindleinzüge.

Der Advent in den Bergen in Kitzbühel

Beim Advent in den Bergen in Kitzbühel verwandelt sich im Dezember der gesamte historische Stadtkern in einen Weihnachtsmarkt voller Lichter, weihnachtlicher Düfte und Kunsthandwerk. Turmblasen, Glockenspiel, Krippenspiel und Weihnachtsmärchen runden das Angebot ab.

Kufsteiner Weihnachtszauber

Auf der Festung Kufstein wird während des Kufsteiner Weihnachtszaubers in den Kasematten Kunstvolles und Schmackhaftes angeboten. Bei Einbruch der Dunkelheit schallen alte Adventsweisen der Weihnachtsbläser von den Mauern der Festung. Der Weihnachtsmarkt im Stadtpark lockt mit Punsch und Christbaumschmuck. Karussell, Nostalgieeisenbahn, Stockbrotgrillen am Lagerfeuer, der Bergflunkerer und der geschmückte Stadtpark sind bei den Kindern besonders beliebt.

Adventmarkt in Lienz

Der Adventmarkt in Lienz ist einer der traditionsreichsten in Tirol. Bei Einbruch der Dunkelheit beginnt der Nachtwächter mit einer Hellebarde seine Rundgänge. Um 21 Uhr endet das Marktleben mit seinem Nachtruf. An den Lienzer Krampustagen Anfang Dezember beteiligen sich Krampusse nach jahrhundertealter Tradition mit ihren handgeschnitzten Masken, Pelzen und lärmenden Glocken an Schauläufen und Umzügen. Der große Adventkalender am und die Krippenausstellung im Rathaus der Stadt Lienz, der Liebburg, werden besonders bewundert. In der lebenden Werkstätte zeigen Handwerker und Künstler ihr Können.

Krippenspiele und Weihnachtsmärchen runden das Angebot der Adventmärkte ab.

Der Tiroler Operetten- und Handwerker-Advent in Matrei

Alte Handwerkskunst ist im Wipptal zu sehen: Vergolder, Kupfer-treiber, Töpfer, Wollspinner, Schuster, Konditoren, Wachszieher und Advent-Schmiede. Der Tiroler Operetten- und Handwerker-Advent ist Tirols größte musikalische Adventveranstaltung mit über 120 Musizierenden, einem Chor und 18 Handwerkern. Der Dorfkern mit seinen denkmalgeschützten Gebäuden, Gaststätten und Werkstätten wird zur Bühne. An Straßenstandln gibt es Zeltengebäck und Lebkuchen.

Advent in Mayrhofen

Entlang des Themenweges von der Hauptstraße zum Waldfestplatz begibt man sich auf historische Spurensuche des Liedes »Stille Nacht«, das, von den Strasser Sängern gesungen, vom Zillertal aus seinen Weg um die Welt begann. Begleitet von traditioneller Musik des Zillertals genießen Besucher die gemütliche Stimmung am Waldfestplatz, jeweils Freitag und Samstag an allen Advent-wochenenden und zusätzlich am 6. Dezember von 17 bis 21 Uhr.

Meraner Advent

Der Weihnachtsmarkt in Meran erstreckt sich entlang der Ufer der Passer. Die Buden stehen zwischen der auf 500 Jahre Geschichte zurückblickenden Theaterbrücke und der in elegantem Jugendstil gehaltenen Meraner Postbrücke. Brücken, Läden, Laternen und Stände sind geschmückt und Teil des Zaubers. Die Weihnachts-marktstände bieten einen farbenfrohen Regenbogen aus verschie-denen Materialien, wie Holz, Glas, Keramik und Stoffen, aber auch aromatischen Glühwein.

In Bastelstuben und Werkstätten dürfen Kinder Geschenke selbst herstellen, Neujahrsgrußkarte aus dem Jahre 1914.

Rattenberger Advent

An den vier Adventsamstagen erstrahlt die Fußgängerzone der Stadt Rattenberg ganz und gar im Schein von Kerzen, Fackeln und offenem Feuer. Musiker, Geschichtenerzähler und die Beschützer des Feuers lassen Erinnerungen wach werden, wie Weihnachten früher war. Die Rattenberger Wirte servieren neben heißen Krapfen und Tiroler Spezialitäten Rattenberger Adventwein, der nach Holunder und Gewürzen duftet. Die kleinen Besucher dürfen Lebkuchen verzieren, im Pfarrhof basteln oder in der Glasbläserei Weihnachtskugeln selbst herstellen.

Der Schwazer Adventmarkt

Der Adventmarkt in der Silberstadt Schwaz kann nicht nur dank des einzigartigen Stadtbildes überzeugen. Die Stadtleitung legt großen Wert darauf, die Wurzeln des Advents im Vordergrund zu halten. Man räumt hier kulturellen und künstlerischen Darbietungen besonders viel Raum ein. Kindergruppen, Musikanten, Sänger und Vortragende sind auf dem Pfundplatz zu hören. Schwazer Künstler und Bauern stellen in der Handwerkshütte aus.

Der Seefelder Advent

Beim Seefelder Advent von Ende November bis zum 24. Dezember gibt es zahlreiche Brauchtumsveranstaltungen zu sehen. Das Programm beinhaltet unter anderem Bastelnachmittage, Fackelwanderungen und musikalische Unterhaltung.

Kindergruppen, Musikanten und Sänger gehören zum Festprogramm, Karte aus dem Jahre 1913.

Glückliches Neujahr

Der Weihnachtsmarkt in Sterzing

Der Weihnachtsmarkt in Sterzing ist für das mittelalterliche Städtchen eine willkommene Gelegenheit, sich im Festkleid zu zeigen. Der Zwölferturm, der den zentralen Platz mit den Holzbuden beherrscht, glänzt erhaben. Der Klang seiner Glocken verbreitet sich ins Umland und sorgt für eine harmonische und friedvolle Atmosphäre, die früheste Kindheitserinnerungen wieder aufleben lässt.

Jede Stadt hatte früher ihre eigenen Fanfarenrufe. Heute ist das Weihnachts- und Neujahrsblasen wieder Brauch.

Der vielleicht kleinste Christkindlmarkt Tirols

In fast jedem Tiroler Ort gibt es einen kleinen Adventmarkt wie jenen in der Nähe der Bergstation der neuen Rittner-Seilbahn mit dem Rittner-Christbahnl. Im Pustertal lädt der beliebte Adventmarkt in Sillian zum Flanieren und Gustieren ein. Das Bergbauernmuseum z'Bach in Oberau/Wildschönau verwandelt sich in einen Schauplatz von Kultur, Tradition und Kulinarik. Auf dem Platz vor dem Haus und auf dem benachbarten Anger, einem Wiesenplatz, treffen sich Gäste und Einheimische an den Wochenenden. Der Pitztaler Bergadvent lädt ins Adventdorf Plangeross, wo täglich ein Adventfenster an einem der 23 geschmückten Häuser geöffnet wird. Bei der Tiroler Bergweihnacht im Heimatmuseum Sixenhof gibt es lebensgroße Krippenfiguren und lebendige Tiere zu sehen. In den Museumsräumen sind ein traditionell geschmückter Christbaum und eine der ältesten Krippen des Achentals aufgestellt.

Pünktlich am 1. Dezember erstrahlt das erste liebevoll geschmückte Adventhaus in Steinberg. Bis zum 24. Dezember wächst der Kalender Tag für Tag, jeweils mit einem erleuchteten Haus. Ohne großen Trubel und Trara kommt der Marktadvent in Hopfgarten aus. Besinnlich geht es dann auch bei der Kirchbichler Vorweihnacht und beim stimmungsvollen Adventsingen weiter. Advent im Schloss mit Adventdorf und Lichterhimmel findet um den 8. Dezember in Landeck statt. Neben der adventlichen Atmosphäre lockt ein Kulturprogramm. Ende November findet im benachbarten Zams der Krampuslauf des Krampusvereins mit zahlreichen Krampusgruppen der umliegenden Orte statt. Höhepunkte sind der Kampf der Krampusse und die spektakulären Feuerspiele. Unter dem Motto Mariathaler Advent fand 2012 erstmals ein Christkindlmarkt bei der Wallfahrtsbasilika Mariathal in Kramsach statt. In Reith bei Kitzbühel gibt es einen begehbaren Adventkalender. Am 21. Dezember wird zum Abschluss des

St. Johanner Adventmarkts am Hauptplatz der alte Brauch des Räucherns durchgeführt. Der Zirler Adventmarkt am Marktplatz ist an den Adventwochenenden geöffnet. So auch der Christkindlmarkt in Pill im Bezirk Schwaz, der sich rühmt, vielleicht der kleinste Christkindlmarkt in Tirol oder sogar in Österreich zu sein. Er bietet lokale Spezialitäten wie Zillertaler Filzdoggeln, Kiachl mit Kraut oder Preiselbeeren und Gerstensuppe. Zu trinken gibt es Glühwein, Früchtepunsch und Honigwein …

Liebevolle Geschenke finden sich auch auf den kleinsten Adventmärkten.

GLÜHWEIN

Zutaten:

1 FLASCHE	ROTWEIN
500 ML	ZITRONENSAFT
1–6	GEWÜRZNELKEN
1	ZIMTSTANGE
1	ZITRONE
	ZUCKER

Zubereitung:

Rotwein, Zitronensaft, Gewürznelken und die Zimtstange in einen Topf geben und bis kurz vor den Siedepunkt erhitzen, dann durch ein Sieb in angewärmte Gläser gießen. Die Zitrone in dünne Scheiben schneiden, einschneiden und an jeden Glasrand stecken.

Der Zucker steht in einer hübschen Zuckerdose auf dem Tisch und jeder kann sich nach seinem Geschmack bedienen.

Zubereitungszeit: ca. 15 Minuten

»Punschbowle«, Ludwig Richter.

MORGEN, KINDER, WIRD'S WAS GEBEN

MARTIN FRIEDRICH PHILIPP BARTSCH

Morgen, Kinder, wird's was geben,
morgen werden wir uns freu'n!
Welch ein Jubel, welch ein Leben
wird in unserm Hause sein!
Einmal werden wir noch wach,
heißa dann ist Weihnachtstag!

Wie wird dann die Stube glänzen
von der großen Lichterzahl,
schöner als bei frohen Tänzen
ein geputzter Kronensaal.
Wisst ihr noch vom vor'gen Jahr,
wie's am Weihnachtsabend war?

Wisst ihr noch mein Räderpferdchen,
Malchens nette Schäferin,
Jettchens Küche mit dem Herdchen
und dem blank geputzten Zinn?
Heinrichs bunten Harlekin
mit der gelben Violin?

Welch' ein schöner Tag ist morgen!
Viele Freunde hoffen wir;
Uns're lieben Eltern sorgen
lange, lange schon dafür.
O gewiss, wer sie nicht ehrt,
ist der ganzen Lust nicht wert!

Fröhliche Kinder auf einer Karte aus dem Jahr 1931.

Die Speckbacherstraße in St. Johann in Tirol, 1951.

SCHNEEFLÖCKCHEN, WEISSRÖCKCHEN

VOLKSGUT

Schneeflöckchen, Weißröckchen
wann kommst du geschneit;
du kommst aus den Wolken,
dein Weg ist so weit.

Komm, setz dich ans Fenster,
du lieblicher Stern;
malst Blumen und Blätter,
wir haben dich gern.

Schneeflöckchen, du deckst uns
die Blümelein zu;
dann schlafen sie sicher
in himmlischer Ruh'.

Der Brauch, Gebildgebäcke in einfachen Formen mit Symbol-charakter herzustellen, lässt sich weit zurückverfolgen. Über Klöster kommend, hielt das mit Zimt, Nelken, Muskatnuss, Anis, Ingwer, Fenchel und Koriander verfeinerte Gebäck Einzug in die mittelalterlichen Backstuben. Für die zierlichen Darstellungen ver-wendete man zum Prägen Gebäckmodeln aus Ton oder Hartholz. Im Barockzeitalter entwickelte sich eine Vielzahl an Formen und Motiven für festliches Gebäck. Einige Lebzelt- bzw. Marzipan-modeln haben sich im Schloss Bruck erhalten.

Lienzer Bäcker und Konditoren haben die alte Tradition der Lebzelterei vor einigen Jahren wiederbelebt. Der auf traditioneller Herstellung basierende Lebzelt ist mit Tiroler Preiselbeeren gefüllt. Das in Marzipan geprägte Muster umschließt die Lebzeltoberseite. Erhältlich ist der traditionelle Lienzer Lebzelt in der Bäckerei Gru-ber, der Konditorei Glanzl und der Meisterbäckerei Joast.

Model für Weihnachtsmarzipan aus Lienz.

Kinderleichter Lebkuchen

Zutaten:

300 G   Roggenmehl
10 G   Natron
2   Eier
180 G   Rohzucker
80 G   Honig
Milch   (zum Bestreichen)
20 G   Lebkuchengewürz (in ca. gleichen Teilen gemahlene Muskatnuss, Ingwerpulver, gemahlener Kardamom und gemahlener Koriander, dreimal so viel gemahlene Nelken und gut sechsmal so viel Zimt)

Zubereitung:

Das Mehl mit dem Natron vermischen und Eier, Zucker und Honig hinzugeben. Mit dem Lebkuchengewürz würzen.

Alle Zutaten gut miteinander verkneten und den Lebkuchenteig am besten über Nacht draußen rasten lassen.

Am nächsten Tag den Teig auf einer bemehlten Arbeitsfläche ausrollen und mit Keksausstechern oder einem Lebkuchen-Model die gewünschten Formen ausstechen.

Den Backofen auf 170°C vorheizen.

Die Figuren auf ein mit Backpapier ausgelegtes Backblech legen und mit Milch bepinseln. Im Backrohr ca. 10 Minuten backen lassen, bis sie eine schöne Farbe haben.

Der ausgekühlte Lebkuchen kann nach Lust und Laune verziert werden.

Zubereitungszeit: ca. 60 Minuten

SÜSSER DIE GLOCKEN NIE KLINGEN

FRIEDRICH WILHELM KRITZINGER

Süßer die Glocken nie klingen
Als zu der Weihnachtszeit:
's ist, als ob Engelein singen
Wieder von Frieden und Freud'.
Wie sie gesungen in seliger Nacht,
Glocken, mit heiligem Klang
Klingt doch die Erde entlang!

O, wenn die Glocken erklingen,
Schnell sie das Christkindlein hört.
Tut sich vom Himmel dann schwingen
Eilet hernieder zur Erd'.
Segnet den Vater, die Mutter, das Kind
Glocken mit heiligem Klang,
Klingt doch die Erde entlang!

Reichlich Glitzerwerk ist typisch für den ursprünglichen Tiroler ▶
Christbaum, Karte aus dem Jahr 1939.

Die erste Rauhnacht oder Rauchnacht ist der Heilige Abend, an dem der Bauer und die ganze Familie mit der Räucherpfanne betend durch Haus, Hof, Stadel und Stall gingen.

Vorschlag für die Gestaltung des Heiligen Abend

Gedämpfte Musik
Familie, Freunde und Gäste warten vor der Stube.
Lametta am Boden deutet an, dass das Christkind
beim Vorbeihuschen ein Haar verloren hat.
Die Kerzen am Christbaum werden angezündet.
Eine Glocke ertönt.
Alle kommen in die Stube und genießen den Anblick des
strahlenden Christbaums.
Das Licht steht für Hoffnung. Jesus ist das Licht der Welt.
Gemeinsames Singen eines Weihnachtsliedes
z.B. »Leise rieselt der Schnee«, »Alle Jahre wieder«, …
Vorlesen einer kurzen Weihnachtsgeschichte
z.B. »Das besondere Geschenk«.
Weihnachtslied
z.B. »Oh du fröhliche«, »Ihr Kinderlein kommet«, …
Vorlesen des Weihnachtsevangeliums.
Lied »Stille Nacht, Heilige Nacht«.
Einander Gutes wünschen und Geschenke verteilen.
Abendessen und gemütliches Beisammensein.
Gemeinsamer Besuch der Christmette in der Pfarrkirche.

LEISE RIESELT DER SCHNEE

EDUARD EBEL

Leise rieselt der Schnee,
still und starr ruht der See,
weihnachtlich glänzet der Wald:
Freue dich, Christkind kommt bald!

In den Herzen ist's warm,
still schweigt Kummer und Harm,
Sorge des Lebens verhallt:
Freue dich, Christkind kommt bald!

Bald ist Heilige Nacht,
Chor der Engel erwacht,
hört nur, wie lieblich es schallt:
Freue dich, Christkind kommt bald!

◀ *'S Christkindl im Herzen, am Christbam die Kerzen, an Zeltn im Mogn, das konn ma ertrogen (Zeltnanschneidereim).*

Das besondere Geschenk

AUTOR UNBEKANNT

Es war bitterkalt. Die Hirten wärmten sich am Feuer. Die Nachricht vom neugeborenen König beschäftigte sie. Sie möchten ihn sehen, von dem sie Rettung und Frieden erwarten. Auch der kleine Hirte Philipp tritt näher und hört zu. Sie überlegen, was sie dem Kind in Bethlehem schenken können.

Aber wer bleibt bei den Schafen? Die können sie doch nicht alleine lassen? Da kommt einer der Hirten auf die Idee: Der muss dableiben, dessen Geschenk am leichtesten ist. Sie stellen eine Waage bereit.

Einer bringt einen Krug mit Milch und legt noch einen Käse dazu. Ein anderer bringt einen Korb mit duftenden Äpfeln, ein Dritter schleppt ein Bündel Holz herbei, damit sich alle im Stall wärmen können. Bleibt nur noch der kleine Philipp übrig.

Philipp hat nur eine Laterne mit einem winzigen Licht. Das wiegt nicht viel. Er überlegt. Dann aber steigt er mit der Laterne in der Hand auf die Waage und sagt: »Ich komme als Geschenk hinzu! Der neugeborene König wird vor allem welche brauchen, die sein Licht weitertragen.«

Es wird still am Feuer. Die Hirten schauen nachdenklich auf den kleinen Philipp. Sie denken über seine Worte nach. Sie spüren: Der darf auf keinen Fall zurückbleiben.

KOMMET, IHR HIRTEN

JOSEPH MOHR

Kommet, ihr Hirten, ihr Männer und Frau'n!
Kommet, das liebliche Kindlein zu schau'n!
Christus, der Herr, ist heute geboren,
den Gott zum Heiland euch hat erkoren.
Fürchtet euch nicht!

Lasset uns sehen in Bethlehems Stall,
was uns verheißen der himmlische Schall!
Was wir dort finden, lasset uns künden,
lasset uns preisen mit frommen Weisen,
Hallelujah!

Wahrlich, die Engel verkündigen heut'
Bethlehems Hirtenvolk gar große Freud':
Nun soll es werden Friede auf Erden,
den Menschen allen ein Wohlgefallen.
Ehre sei Gott!

O DU FRÖHLICHE, O DU SELIGE

JOHANNES DANIEL FALK

O du fröhliche, o du selige,
gnadenbringende Weihnachtszeit!
Welt ging verloren, Christ ward geboren:
Freue, freue dich, o Christenheit!

O du fröhliche, o du selige,
gnadenbringende Weihnachtszeit!
Christ ist erschienen, uns zu versühnen:
Freue, freue dich, o Christenheit!

O du fröhliche, o du selige,
gnadenbringende Weihnachtszeit!
Himmlische Heere jauchzen dir Ehre:
Freue, freue dich, o Christenheit!

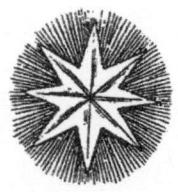

Weihnachtsgrüße mit Poststempel vom 24. Dezember 1910. ▸

o du fröhliche, o du selige

gnadenbringende Weihnachtzeit

Fröhliche
Weihnachten

»Der Ochse kennt seinen Besitzer und der Esel die Krippe seines Herrn; Israel aber hat keine Erkenntnis, mein Volk hat keine Einsicht.« (Jesaja 1,3). Die Demut von Ochs und Esel wird häufig als Rechtfertigung für deren Anwesenheit und Bedeutung in Krippendarstellungen genannt.

In jenen Tagen erließ Kaiser Augustus den Befehl, alle Bewohner des Reiches in Steuerlisten einzutragen. Dies geschah zum ersten Mal; damals war Quirinius Statthalter von Syrien. Da ging jeder in seine Stadt, um sich eintragen zu lassen. So zog auch Josef von der Stadt Nazareth in Galiläa hinaus nach Judäa in die Stadt Davids, die Bethlehem heißt; denn er war aus dem Haus und Geschlecht Davids. Er wollte sich eintragen lassen mit Maria, seiner Verlobten, die ein Kind erwartete. Als sie dort waren, kam für Maria die Zeit ihrer Niederkunft, und sie gebar ihren Sohn, den Erstgeborenen. Sie wickelte ihn in Windeln und legte ihn in eine Krippe, weil in der Herberge kein Platz für sie war.

In jener Gegend lagerten Hirten auf freiem Feld und hielten Nachtwache bei ihrer Herde. Da trat der Engel des Herrn zu ihnen, und der Glanz des Herrn umstrahlte sie. Sie fürchteten sich sehr, der Engel aber sagte zu ihnen: Fürchtet euch nicht, denn ich verkünde euch eine große Freude, die dem ganzen Volk zuteilwerden soll: Heute ist euch in der Stadt Davids der Retter geboren; er ist der Messias, der Herr. Und das soll euch als Zeichen dienen: Ihr werdet ein Kind finden, das, in Windeln gewickelt, in einer Krippe liegt. Und plötzlich war bei dem Engel ein großes himmlisches Heer, das Gott lobte und sprach: Verherrlicht ist Gott in der Höhe, und auf Erden ist Friede bei den Menschen seiner Gnade.

Als die Engel sie verlassen hatten und in den Himmel zurückgekehrt waren, sagten die Hirten zueinander: Kommt, wir gehen nach Bethlehem, um das Ereignis zu sehen, das uns der Herr verkünden ließ. So eilten sie hin und fanden Maria und Josef und das Kind, das in der Krippe lag. Als sie es sahen, erzählten sie, was ihnen über dieses Kind gesagt worden war. Und alle, die es hörten,

»*Der Stall zu Bethlehem*«, *Ludwig Richter.*

staunten über die Worte der Hirten. Maria aber bewahrte alles, was geschehen war, in ihrem Herzen und dachte darüber nach. Die Hirten kehrten zurück, rühmten Gott und priesen ihn für alles, was sie gehört hatten; denn alles war so gewesen, wie es ihnen gesagt worden war.

STILLE NACHT, HEILIGE NACHT

JOSEPH MOHR

Stille Nacht! Heilige Nacht!
Alles schläft; einsam wacht
Nur das traute hochheilige Paar.
Holder Knab' im lockigen Haar,
Schlafe in himmlischer Ruh!

Stille Nacht! Heilige Nacht!
Gottes Sohn, o wie lacht
Lieb' aus deinem göttlichen Mund,
Da uns schlägt die rettende Stund'.
Jesus in deiner Geburt!

Stille Nacht! Heilige Nacht!
Die der Welt Heil gebracht,
Aus des Himmels goldenen Höhn,
Uns der Gnaden Fülle läßt sehn,
Jesum in Menschengestalt!

Stille Nacht! Heilige Nacht!
Wo sich heut alle Macht
Väterlicher Liebe ergoß,
Und als Bruder huldvoll umschloß
Jesus die Völker der Welt!

Stille Nacht! Heilige Nacht!
Lange schon uns bedacht,
Als der Herr vom Grimme befreit
In der Väter urgrauer Zeit
Aller Welt Schonung verhieß!

Stille Nacht! Heilige Nacht!
Hirten erst kundgemacht
Durch der Engel Alleluja,
Tönt es laut bei Ferne und Nah:
»Jesus der Retter ist da!«

»Die Christnacht«, Ludwig Richter.

- Lichte Metten, dunkle Heustadel.

- Ist's in der Heiligen Nacht hell und klar, so gibt's ein segensreiches Jahr.

- Vor Weihnacht viel Wasser, nach Johanni kein Brot.

- Viel Wind in den Weihnachtstagen, reichlich Obst die Bäume tragen.

Am wichtigsten war der Besuch der Christmette in der Heiligen Nacht, 1913.

Die von innen erleuchtete Kirche erinnert an die Feier der Geburt Jesu Christi, die Christmette in der Nacht vom 24. auf den 25. Dezember, eine Künstlerkarte von Carl Camus aus der Reihe »Tiroler Bauernleben«.

WEIHNACHTSLIED

OTTO JULIUS BIERBAUM

Maria lag in großer Not,
Mit Lumpen angetan,
In einem Stall zu Bethlehem
Und sah die Stunde nah'n,
Da sie ein Kindlein haben sollt'.
Der Himmel stand in lauter Gold;

Da hub ein Singen an:
»Süße Maria, sei getrost,
Dass um dich ist kein Stall.
Blick um dich, allerholdste Frau,
Und sieh die Gäste all,
Die von weither gekommen sind,
Dich zu begrüßen und dein Kind
Mit Flöt- und Geigenschall.«

Und wie Marie ihr Haupt erhob,
O Wunder, was sie sah:
Es knieten auf der schlechten Streu
Drei goldne Könige da,
Und, wie wenn's ihr Gefolge war,
Ein Heer von Engeln stand umher
Und sang Hallelujah.

Es war ein Licht und war ein Glanz,
Wie sie es nie geseh'n,
Und vor den Tür'n und Fenstern war
Ein Auf- und Niedergeh'n,

Als ging die ganze Welt vorbei;
Da hört sie einen leisen Schrei:
Da war das Glück gescheh'n.

Maria strahlte wie ein Stern
Und hob das Kind empor;
Das war so hold und engelschön,
Wie nie ein Kind zuvor.

Die Wände sanken und die Welt,
Die weite Welt war rings erhellt,
Und alles sang im Chor:
»O seht die Blume, die da blüht,
Die Blume weiß und rot!
Der Kelch ist von der Lilie,
Ein Herz darinnen loht.
Nun ist die ganze Erde licht,
Wir fürchten Schmerz und Trauern nicht
Und fürchten nicht den Tod.

Die Blüte leuchtet uns den Tag,
Und es versank die Nacht,
Und aus der Blüte wird die Frucht,
Die alle fröhlich macht;
Die Frucht, die allen Nahrung gibt,
Der Mensch, der alle Menschen liebt:
Die Liebe ist erwacht.«

Der Chor verklang. Es sank der Stall
In braune Dunkelheit.
Maria gab dem Kind die Brust.

Still ward es weit und breit.
Da ward Marien im Herzen bang,
Sie küsst' ihr liebes Kindlein lang,
Ihr tat ihr Kindlein leid.

»Wiegenlied im Winter«, Ludwig Richter.

DIE MUTIGE MAGD

SAGE

Im Wattentale, das sich stundenweit ins Hochgebirge hinaufzieht und den Zugang zu den Almen bildet, die sich zu beiden Seiten den unwirtlichen Hochbergen vorlagern, liegt westlich von Walchen am linken Bachhang die schöne Alm Waz. Hier hauste alljährlich zur Winterszeit ein friedloser Almputz. Der rumorte Nacht für Nacht in der Hütte, als ob er Fass und Maß zu Kleinholz schlüge, und pfiff aus jedem Astloch nach den Winden, dass man es weitum gellen hörte. Nur um Weihnachten verhielt sich die arme Seele ruhig, als achte sie die heiligen Zeiten und hoffe auf ihre Erlösung. Gleich darnach aber trieb der Putz sein Unwesen noch lauter als zuvor, und das blieb so bis zum Frühjahr. Wenn dann die erste Amsel ihr Liebeslied anstimmte, verschwand der winterliche Gast aus der Almhütte und wurde bis zum Spätherbst nicht wieder gehört.

Einmal, am Heiligen Abend, als der Bauer, dem die Alm gehörte, mit seinem Gesinde am Weihnachtstische saß, kam die Rede auch auf die Wattner Alm, und da meinte ein vorlautes Knechtlein: »Ob das Kasermandl heut auch Weihnachten feiert?« Der Bauer hatte vom Roten wohl über den Durst getrunken, dass er dem Jungen die dreiste Frage nicht verwies, sondern mit grobem Lachen auftrumpfte: »Meine schönste Kuh«, legte er los und hieb die Faust krachend auf den Tisch, »meine schönste Kuh kriegt, wer sich jetzt gleich hinauf traut auf die Alm und nachschaut, was das Kasermandl treibt! Aber den Melkkübel muss er mitbringen, auf dass es sich erweist, er war wirklich droben und drin in der Hüttn!« Das übermütige Angebot verschlug jedem am Tisch die Rede. Ein halb erschrockenes, halb verlegenes Schweigen herrschte in der Stube; nicht Knecht noch Bub brachte den Mut auf, das Wagnis

Fröhliche Weihnachten.

zu bestehen, auch nicht um die schönste Kuh. Hatte doch jeder erzählen hören, der Almputz schlage jeden ungebetenen Besucher so krank, dass er sein Lebtag nicht mehr gesunde. Schon wollte der Bauer mit bösem Spott aufbegehren, da erhob sich eine junge Dirn, ein frommes, fleißiges Kind, und erklärte mit bescheidenen, aber bestimmten Worten, sie sei bereit, den gefährlichen Weg zu gehen; doch wenn sie mit Gottes Hilfe glücklich wiederkehre, müsse der Bauer sein Versprechen auch wirklich und unweigerlich wahrmachen. Und mit verhaltenem Schluchzen fügte das Mädchen hinzu, seine Mutter sei krank auf den Tod, doch mit der versprochenen Belohnung hoffe es einen Ausweg aus allem Elend zu finden und die Mutter zu retten. Sprach's, nahm sein Schultertuch und ging still hinaus in die Nacht, noch ehe wer ein Wort fand, es zurückzuhalten oder seinen Weg zu segnen.

Kein Stern stand am Himmel und wies dem Mädchen die Richtung zur Alm; trotzdem fand es durch den stockdunklen Wald und über verschneite und vereiste Hänge den richtigen Weg, und als es auf den Almboden gelangte, leuchtete ihm aus dem Hüttenfenster helles Licht entgegen. Allein der Dirn war das kein tröstlicher Schein; immer zögernder wurde ihr Schritt, und noch an der Türe wäre sie am liebsten umgekehrt und zurückgerannt den finstern Weg; so groß war ihre Angst. Doch da fiel ihr ein, dass dann die Mutter rettungslos verloren wäre, und da fasste sie sich ein Herz, bekreuzigte sich einmal und noch einmal, hob den Riegel und trat ein.

Da saß das Kasermandl, bucklig und langbärtig, in einem feiertäglichen Gewand auf der Herdbank, schmauchte sein Pfeifchen und stocherte mit einem hölzernen Löffel in der Muspfanne am hell lodernden Herdfeuer. Wohl wehte die Dirn ein eisiges Grausen an, denn in der Pfanne – sie sah es und der Ekel schüttelte sie – in der Pfanne schmorte ein kohlrabenschwarzer Brei; doch tapfer schluckte sie Angst und Ekel hinunter, trat auf das Mandl zu und wollte eben ihr Kommen erklären, als sie der Kleine freundlich näher winkte und sagte: »Komm her, setz dich und iss mit!« Das Mädchen zögerte, den dargebotenen Löffel zu ergreifen. »So mach halt ein Kreuz drüber, und es graust dir nicht mehr!«, ermunterte das Mandl die zitternde Magd. Die tat nach seinem Rat, und – o Wunder! da lagen die schönsten Krapfen in der Pfanne. Hungrig vom beschwerlichen Weg und aller ausgestandenen Angst, ließ sich das Mädchen nicht länger nötigen, langte zu, und Dirn und Mandl aßen und aßen einträchtig die Pfanne leer. Als sie auch den Rand säuberlich ausgeputzt hatten, hub das Männlein an: »Ich kenne dein Anliegen. Den Melkkübel, den du heimbringen sollst zum Zeichen, dass du hier warst, den werde ich dir gleich geben. Du bist ein braves Kind und hast deinen Lohn verdient. Und wenn dich der Bauer um ihn betrügen will, verlass dich darauf, dass ich ihn zu zwingen weiß, sein Versprechen zu halten.« Und noch ehe die Dirn ein Wort des Dankes fand, war das Kasermandl verschwunden, der Melkkübel aber stand an der Türe.

Frohen Herzens machte sich die Dirn auf den Heimweg. Alle Sterne leuchteten ihr und im finsteren Wald lief ein heller Schein vor ihr her und führte sie auf dem kürzesten Pfade ins Tal zurück. Vorm Hause traf sie ihren Dienstherrn mit dem Gesinde im Aufbruch zum Mettgang, trat vor die Leute, zeigte ihnen den Melkkübel und mahnte den Bauern an sein Versprechen. Mit einem falschen Lachen fertigte der sie ab: »Dumm genug warst du, meinen Spaß mit der Kuh für gewichtigen Ernst zu nehmen. Ums Kasermandl ist mir keine Kuh feil!« Damit ließ er das Mädchen stehen, das so grausam enttäuscht, in jäher Erschöpfung umzusinken drohte, und stapfte mit seinen Leuten in die Nacht hinaus.

Am andern Morgen gab es auf dem Bauernhofe eine traurige Weihnachtsüberraschung. Die beste und schönste Kuh lag tot im Stalle. Der Bauer fluchte über den schweren Verlust; die Kuh war sein Stolz gewesen und hatte ihm manchen Preis eingebracht. »Hättest du dein Wort gehalten und die Kuh mir gegeben, wäre sie am Leben geblieben«, mahnte ihn die Magd, doch er schnauzte sie grob an und hieß sie, ihn an die Sache nicht mehr zu erinnern, oder er jage sie aus dem Dienst. Doch am nächsten Tag fand man wieder eine schöne Kuh tot im Stalle, erwürgt an ihrer Halskette, und als am dritten noch eine verendet war, kriegte es der Bauer mit der Angst zu tun, das ganze Vieh würde ihm verenden. Er ließ die Magd kommen, bat sie, ihm den üblen Handel zu verzeihen, mit dem er sie um den verdienten Lohn betrogen hatte, dann stellte er ihr frei, entweder die schönste Kälberkuh, die sie im Stalle fände, heimzuführen, oder er zahle ihr auf der Stelle aus, was sie Geldes wert sei. Die Magd, die Geld für Arzt und Arznei brauchte, besann sich nicht lange und war mit dem Bauern im Handumdrehen handelseins. Und wenige Wochen später war ihre Mutter wieder gesund und so rüstig wie je.

Zu sagen ist noch, dass das Mädchen fortan in großer Dankbarkeit des Kasermandls gedachte und es täglich in sein Gebet einschloss. Und der Himmel muss ihre Fürbitte erhört haben, denn auf der Wazalm hat man seither vom Almputz nichts mehr gehört.

Fröhliche Weihnachten, eine Künstlerkarte.

WEIHNACHTSGANS

Zutaten FÜR 4 PORTIONEN:

1	KÜCHENFERTIGE GANS (CA. 3 KG)
3	ÄPFEL
200 ML	ROTWEIN
100 G	WEISSBROT
2	ZWIEBELN
	BEIFUSS
	SALZ, ZUCKER UND ZITRONENSAFT
	PETERSILIE

Zubereitung:

Die Gans waschen und gut abtrocknen.

Die Äpfel waschen und das Kerngehäuse so ausstechen, dass ein kleiner Boden stehenbleibt. In die Apfelöffnungen etwas Wein gießen und sie mit Weißbrotstückchen füllen.

Die Gans innen und außen salzen, mit den Äpfeln, den geviertelten Zwiebeln und Beifuß füllen, zunähen. Keulen und Flügel am Rumpf festbinden.

Einen Bräter etwa 1 Zentimeter hoch mit heißem Wasser füllen, etwas Salz hinzufügen, die Gans mit dem Rücken nach unten hineinlegen und den Bräter auf die untere Schiene in den auf 200°C vorgeheizten Backofen schieben. Während des Bratens ab und zu unterhalb der Flügel und Keulen in die Gans stechen, damit das Fett besser ausbraten kann.

Sobald der Bratensatz bräunt, wieder heißes Wasser in den Bräter gießen, um das verdampfte Wasser zu ersetzen. Die Temperatur nun auf ca. 150°C reduzieren. Die Gans ab und zu mit dem Bratensatz begießen und drehen, damit sie von allen Seiten schön braun wird.

Wenn die Gans gar ist (man rechnet etwa 1 Stunde Garzeit pro Kilo), die Fäden lösen und die Füllung herausnehmen. Die Füllung durch ein Sieb streichen. Den losgekochten Bratensatz und die gesiebte Füllung mit etwas Wasser auf der Kochstelle zu einer Soße verrühren und sie mit Salz, Zucker und Zitronensaft abschmecken.

Nun den Braten in Portionsstücke schneiden und mit Rotkraut und Erdäpfelknödeln servieren, mit Petersilie garnieren.

Zubereitungszeit: ca. 3–4 Stunden

»Die Familie am Kachelofen«, Ludwig Richter.

»Die Mutter am Christabend«, Ludwig Richter.

Ludwig von Hörmann

Der Weihnachtstag selbst ist ein stiller Tag. Kein Wagen fährt, die Wirtshäuser stehen leer. Der Vormittag wird größtenteils vom feierlichen Gottesdienste ausgefüllt, bei dem die Kirche wie das Volk der Beter den größten Schmuck und Putz entfaltet im Gegensatze zum welterlösenden Kinde, das »nackend und bloß« auf Stroh gebettet in der Krippe am Seitenaltare zu sehen ist. Den Mittag beherrscht vollständig das Essen. Weihnachten ist einer der größten »Esstage« des Jahres. Es ist ganz unglaublich, was der Magen so eines Gebirgsbauern zu leisten im Stande ist. Das Hauptgewicht bildet natürlich das auf Weihnachten geschlachtete Schwein, welchen Bissen sich wohl selbst der »notigste« Bauer an diesem Tage vergönnt. Auch die äußere Form wird bei der Mahlzeit nicht außer Acht gelassen. Die Hausmutter deckt das alte schöne Tischtuch mit rot eingewirkten Endstreifen auf und bringt die alten blanken Zinnteller mit Figuren von erhabener Arbeit aus dem Kasten. Nach dem Essen schlägt sie das Tischtuch mit den vier Zipfeln zusammen, trägt die Brosamen darin in den Garten und sät sie auf den Schnee. Daraus wachsen, wie das Volk glaubt, im Frühjahr schöne rote Blumen, »Blutstropfen« genannt (blutroter Amarant, *adonis autumnalis*). Der Bauer aber zahlt dem »Schafer«, der gleich nach Tisch kommt, den Lohn aus; gewöhnlich sind es fünfzig Kreuzer (eine Krone) von jedem Besitzer.

Nachmittags findet dann an den meisten Orten die feierliche Prozession statt. In Brixen trug man früher hiebei das Bild des neugeborenen Heilandes in einer Wiege herum. Dann wurde es unter Glockenklang und Gesang vom Messner oder von Buben gewiegt und dem Volk zum Küssen gegeben. Dieses »Kindelwiegen« geschah alle Tage von Weihnachten bis Lichtmess. Es muss dabei oft etwas bunt zugegangen sein, denn in einer Amtsinstruktion des

18. Jahrhunderts wird dem Messner der Rat gegeben: »Aber nimm fein einen Stock oder eine Ochsensehne, denn die Buben sind oft sehr ungezogen.« Bei diesem »Wiegen«, das übrigens in manchen Orten, z.B. im Oberinntal, noch gebräuchlich ist, wurden noch vor kurzem die sogenannten »Wiegenlieder« gesungen, die oft von einer rührenden Innigkeit sind.

»Christkindleins Wiegenlied«, Ludwig Richter.

STILL, STILL, STILL

WIEGENLIED AUS DEM UNTERINNTAL

Still, still, still, weil's Kindlein schlafen will.
Maria tut es niedersingen,
ihre keusche Brust darbringen (ihre Liebe ihm darbringen).
Still, still, still, weil's Kindlein schlafen will.

Schlaf, schlaf, schlaf, du liebes Kindlein schlaf.
Die Englein tun schön musizieren,
bei dem Kindlein jubilieren.
Schlaf, schlaf, schlaf, du liebes Kindlein schlaf.

Groß, groß, groß, die Lieb' ist übergroß.
Gott hat den Himmelsthron verlassen
und muss reisen auf der Straßen.
Groß, groß, groß, die Lieb' ist übergroß.

Auf, auf, auf, ihr Adamskinder auf.
Fallet Jesum all' zu Füßen,
weil er für uns d'Sünd tut büßen.
Auf, auf, auf, ihr Adamskinder auf.

Wir, wir, wir, wir rufen all' zu dir:
Tu' uns des Himmels Reich aufschließen,
wenn wir einmal sterben müssen.
Wir, wir, wir, wir rufen all' zu dir.

»Mutter mit dem Kind und Hirten bei Nacht«, Ludwig Richter.

ES WIRD SCHO GLEI DUMPA

VOLKSLIED AUS DEM BRIXENTAL

Es wird scho glei dumpa, es wird scho glei Nåcht,
Drum kim i zu dir her, mei Heiland auf d'Wacht.
Will singen a Liadl, dem Liebling dem kloan,
Du mågst jå net schlåfn, i hör die nur woan.
Hei, hei, hei, hei!
Schlåf siaß, herzliabes Kind!

Vergiss hiaz, o Kinderl, dein Kummer, dei Load,
dass d'dåda muaßt leidn im Ståll auf da Hoad.
Es ziern jå die Engerl dei Liegerstatt aus.
Möcht schöna nit sein drin an König sei Haus.
Hei, hei, hei, hei!
Schlåf siaß, herzliabes Kind!

Jå Kinderl, du bist hålt im Kripperl so schen,
mi ziemt, i kånn nimmer då weg von dir gehn.
I wünsch dir von Herzen die süaßte Ruah,
die Engerl vom Himmel, die deckn di zua.
Hei, hei, hei, hei!
Schlåf siaß, herzliabes Kind!

Måch zua deine Äugal in Ruah und in Fried
und gib mir zum Abschied dein Segn no gråd mit!
Aft werd jå mei Schlaferl a sorgenlos sein,
åft kånn i mi ruahli aufs Niederlegn gfrein.
Hei, hei, hei, hei!
Schlåf siaß, herzliabes Kind!

Ein dreifacher Gruß vom Christkind.

DIE TIROLER WEIHNACHTSKRIPPE ANNO 1908

LUDWIG VON HÖRMANN

Eine besondere Weihnachtsfreude für Groß und Klein ist die
»Krippe«. Sie besteht gewöhnlich aus einem stufenweise sich
erhebenden, mit beflimmerten Hadern überkleideten Gerüste,
auf dem der Vorgang der Geburt Christi bildlich dargestellt ist. In
der Regel hat sie das Ansehen einer Gebirgslandschaft. Im mitt-
leren Vordergründe befindet sich der bethlehemitische Stall mit
darüber gepflanztem Stern und »Gloria in excelsis«; rings herum
ist die »Heilige Familie«, dahinter Ochs und Esel mit den Hirten
und Herden gruppiert. Im Hintergrunde erblickt man die Stadt
Bethlehem. Das ganze »Krippelebergl« umgibt ein Kranz von
Fichtenzweiglein mit roten Taffetbändern und goldgelben Äpfel-
chen verziert. Den Winkel unter dem Brett verhüllt die Taufdecke
mit »hohen Namen« und bunten Blumen von bäuerlicher Hand
zierlich gestickt. Solche Krippen findet man fast in jeder tirolischen
Bauernstube und das »Aufmachen« derselben am Heiligen Abend
bildet eine Hauptfreude der Kinder und des alten »Nähnls« (Groß-
vaters), der mit seinen zitternden Händen mithelfen muss.

Außer diesen einfachen Darstellungen der Geburt Christi gibt
es aber auch in Kirchen und Privathäusern »Krippen« von großem
Werte, mit wächsernen in Samt und Goldstickerei gekleideten
Figuren, Wasserkünsten und beweglicher Staffage.

Der Brauch des Krippenaufstellens geht auf den heiligen Franz von Assisi zurück, der im Jahre 1223 erstmals eine Krippe in einer Höhle aufbaute.

Diese können oft in ihrer Art kleine Meisterstücke mechanischer Kunstfertigkeit genannt werden, die in manchen Gegenden Tirols, wie im Oberinntale, Vinschgau und Gröden gemeiniglich sich fortvererbende Anlage ist. Eine derartige Krippe umfasst in haarsträubenden Zeitverstößen so ziemlich alles, was den naiven Gesichtskreis eines Gebirgskindes ausmacht oder in seiner Phantasie hängen geblieben ist. Da prangen in den Städten Jerusalem und Bethlehem Moscheen und Minarette neben christlichen Kirchen. Aus dem Tore rückt soeben eine Truppe Kaiserjäger hervor. Weiterhin erblickt man Kapellen, Einsiedeleien mit herrlichen Gartenanlagen und Springbrunnen, vor allem einen kleinen See mit Schiffen. Auf den schneeigen Zacken springen ohne Berücksichtigung der Fernschaulichkeit Hirsche, Rehe und Gämsen herum, die der Jäger mit dem »Stutzen« verfolgt. Gewöhnlich sind auch schon die »Heiligen Drei Könige« im Anzüge, die mit ihren Kamelen

»Krippele schaugn« ist nach wie vor sehr beliebt in der Weihnachtszeit.

und dem goldstrotzenden Gefolge einen Glanzpunkt der ganzen Darstellung bilden. Aber all diese Ungeheuerlichkeiten und Zeitverstöße stören den frommen Betrachter nicht im Geringsten und er legt willig und mit gehobener Stimmung die paar Kreuzer auf den Opferteller, der dem Eigentümer oder Verfertiger die Mühe und Instandhaltung lohnen soll.

Derartige schöne Krippen gibt es in den Kirchen von Götzens, Birgitz, Axams, Taur, Zirl etc. Berühmt war auch die Mosersche Kunstkrippe in Bozen, die des Steixner in Wilten und die des Tischlers Brugger in Innsbruck. Viele solcher Krippen, wie z.B. die obengenannte Mosersche, sind außer Land an Museen und Privatsammler verkauft worden. Sie tragen auch nicht den kindlichen schlichten Charakter, wie die Hauskrippen, sondern überladen mit allem unnötigen Flimmer und Flitter, voll von ganz unpassendem beweglichen Beiwerk tragen sie mehr die Kunstfertigkeit des Verfertigers zur Schau, als den frommen Sinn, dem die Landlkrippen ihre Entstehung verdanken.

Der Weihnachtstag selbst war früher ein stiller Tag, 1914.

Diese deutsche Weihnachtskarte stammt aus den 1930er-Jahren.

DAS CHRISTKIND UND DER WEIHNACHTSMANN

Die Geschenke bringt in Tirol das Christkind. Die Kinder lieben das Christkind, wissen aber nicht so recht, wie es aussieht. Sie schreiben Briefe mit Wunschlisten, legen sie ihm aufs Fensterbrett und freuen sich, wenn es ihre Wünsche erfüllt. Mit dem Christkind ist, religiös gesehen, das Jesuskind gemeint. In vielen katholischen Kirchen wird in der Weihnachtszeit ein »Christkind« festlich bekleidet und gekrönt auf den Hochaltar gestellt oder daheim auf den Hausaltar. Die Engel darstellenden ca. Zwölfjährigen, die bei Krippenspielen oder Weihnachtsumzügen Gaben verteilten, wurden ebenfalls als »Christkindl« bezeichnet. Daraus entstand der Kinderglaube, alle Weihnachtsgeschenke bringe das mädchenhafte Christkind in Engelsgestalt. Schließlich wird bis heute das Weihnachtsgeschenk verkürzt als »Christkindl« bezeichnet.

Der in Innsbruck gegründete Verein Pro Christkind zeichnet mit Fackeln am Berg am Vorabend des 1. Advent »Sterne fürs Christkind« in die Nacht, um an die Tradition des Christkinds zu erinnern, denn dem Christkind macht auch bei uns der Weihnachtsmann immer öfter Konkurrenz. Ihn kennen wir aus der Werbung und von Weihnachtsdekorationen. Der weißbärtige Mann mit der Zipfelmütze »stammt« vom heiligen Nikolaus ab, der als »Sinter Klaas« nach Amerika exportiert wurde. Sein Aussehen – rotes Gewand mit weißem Besatz – verdankt Santa Claus einer Coca-Cola-Kampagne aus den 1930er-Jahren.

A, B, C, D

KINDERREIM

A, b, c, d, Kripperl sigst eh
Christkinderl auf Stroh,
Gell, dös dabarmt da do,
Herz tuat da weh a, b, c, d.

E, f, g, h, Jungfrau dabah
Und ihr herzliaba Mann
Beten ihr Kinderl an.
Beten für uns ah e, f, g, h.

I, k, l, m, 's waren wohl fremd
Hams ös nit ghaltn woin,
Miassen's nach Bethlehem
Sie waren so fremd i, k, l, m.

N, o, p, q, Engerln hörst eh
Singant laut gloria pax
Hirten die sausen fax
Schrein frisch juche n, o, p, q.

R, s, t, u, wer kimmt denn nu?
König von Morgenland
Opfern ihm allerhand
Mehr als wie du r, s, t, u.

»Das Christkind«, eine Kinderzeichnung von 2007.

VOM SCHENKEN

JOACHIM RINGELNATZ

Schenke groß oder klein,
Aber immer gediegen.
Wenn die Bedachten
Die Gaben wiegen,
Sei dein Gewissen rein.
Schenke herzlich und frei.
Schenke dabei,
Was in dir wohnt
An Meinung, Geschmack und Humor,
So dass die eigene Freude zuvor
Dich reichlich belohnt.
Schenke mit Geist ohne List.
Sei eingedenk,
Dass dein Geschenk
Du selber bist.

Karte nach einem Entwurf von E. Dutschmann, 1927.

Eine Karte aus dem Jahr 1934.

DER WICHTEL IN GRINS

SAGE

Ein Wichtel hütete den Bauern die Ziegen. Man hatte diesen kleinen Hütbuben am liebsten, weil er auf die Tiere fleißig achtgab und
sie auf so gute Plätze führte, dass sie mehr Milch gaben als andere.
Da wollten die Bauern dem Zwerge auch eine Freude machen
und kauften ihm ein rotes Röcklein, denn das rote Zeug haben
die Wichtel am liebsten. Als sie dem kleinen Hirten das blitzrote
Gewand gaben, sagte er: »Jetzt bin ich bubu (schön), ich rot nimmer hüten tu.« Und ging dem Berge zu. Seitdem ließ er sich nie
mehr sehen.

Ein frohes neues Jahr!

Wichtel und Zwerge sind in der Tiroler Sagenwelt beliebte
Figuren, 1932.

DER BAUM DES FRIEDENS

ALFONS PETZOLD

Ich weiß, im Dunkel steht ein Baum
mit Kerzen übervoll besteckt.
Manchmal in einem schönen Traum
ein Engel sie zum Leuchten weckt.

Der ganzen Erde Menschen seh'
ich stehen unter seinem Grün,
aus ihren Herzen will kein Weh',
will nur verklärte Freude blüh'n.

Kein Kampf und Sieg ist unter ihm,
nicht eine einzige Stimme flucht,
indes ein gold'ner Cherubim
in seinen Zweigen Früchte sucht.

Es steigt der Engel Tag und Nacht
hinauf, hinab und will nicht ruh'n,
und legt der süßen Früchte Fracht
den Menschen in die off'nen Truh'n.

Diese Karte wurde am 24. Dezember 1903 abgeschickt.

Am Weihnachtsbaum die Lichter brennen

Hermann Kletke

Am Weihnachtsbaum die Lichter brennen,
wie glänzt er festlich, lieb und mild,
als spräch' er: »Wollt in mir erkennen
getreuer Hoffnung stilles Bild!«

Die Kinder stehen mit hellen Blicken,
das Auge lacht, es lacht das Herz,
o fröhlich seliges Entzücken!
Die Alten schauen himmelwärts.

Zwei Engel sind hereingetreten,
kein Auge hat sie kommen seh'n;
sie geh'n zum Weihnachtstisch und beten
und wenden wieder sich und geh'n.

»Gesegnet seid ihr alten Leute,
gesegnet sei, du kleine Schar!
Wir bringen Gottes Segen heute
dem braunen wie dem weißen Haar.

Zu guten Menschen, die sich lieben,
schickt uns der Herr als Boten aus
und seid ihr treu und fromm geblieben,
wir treten wieder in dies Haus.«

Kein Ohr hat ihren Spruch vernommen,
unsichtbar jedes Menschen Blick,
sind sie gegangen wie gekommen,
doch Gottes Segen blieb zurück.

»Weihnachtsbescherung«, Ludwig Richter.

KRIPPE UND TANNENBAUM

Schmückt eure Stuben und Zimmer mit Tannenreisig. Richtet die Weihnachtskrippe, wenn ihr eine habt, ja sicher auf! In solchen Hauskrippen liegt ein wunderbarer Reiz und Festduft, die rücken das süße Geheimnis der Menschwerdung Christi allen Hausbewohnern in unmittelbare Nähe, und gewiss lässt sich das Christkind in solchen Krippenstuben mit besonderer Freude nieder, ist zu lesen im Buch »Weihnacht in Tirol« des berühmten Volksdichters Reimmichl, auf dessen Grab steht: »Tirol isch lei oans, isch a Landl, a kloans, isch a schians und a feins, und des Landl isch meins.« Im Mittelpunkt des familiären Feierns stand in Tirol traditionell die Hauskrippe, ein Brauch, der auf den heiligen Franz von Assisi zurückgeht. Er wollte die Not und Armut, in der Gottes Sohn zu den Menschen gekommen war, bildlich darstellen.

Zur Jahreswende wurden die Häuser wohl auch schon lange mit grünen Zweigen geschmückt.

Eine mit grünen Zweigen geschmückte Tiroler Stube.

Christbäume werden heute weder von Wichteln gebracht, noch darf man sie selbst aus dem Wald holen, Karte aus dem Jahr 1908.

Der geschmückte Lichterbaum kam, wie der Adventkranz, aus dem evangelischen Norden Deutschlands zu uns. Die europäischen Fürstenhöfe stellten den dekorativen Lichterbaum ins Blickfeld, um ein repräsentatives Weihnachtsfest zu feiern. Im 19. Jahrhundert verbreitete sich der Weihnachtsbaum in den Städten immer mehr. In die abgelegenen Dörfer kam er mit bis zu hundertjähriger Verzögerung, denn in den Tiroler Bauernhäusern hielt der Christbaum manchmal erst nach dem Zweiten Weltkrieg Einzug. Die erste Erwähnung fand der Christbaum in Tirol im Tagebuch des Innsbrucker Statthalters Clemens Graf Brandis, der am 24. Dezember 1841 vermerkte, dass er für seine Söhne in der Innsbrucker Hofburg einen Christbaum aufgestellt habe. Die befreundeten freiherrlichen Familien Giovanelli und Di Pauli in Bozen taten es ihm gleich.

Heute werden in Österreich über zwei Millionen Weihnachtsbäume aufgestellt. Die Nordmanntanne eignet sich für Sparsame, die duftende Blaufichte für Genießer und die edle Nobilistanne für Betuchte.

O Tannenbaum

Ernst Anschütz

O Tannenbaum, o Tannenbaum,
wie treu sind deine Blätter!
Du grünst nicht nur zur Sommerzeit,
nein, auch im Winter, wenn es schneit.
O Tannenbaum, o Tannenbaum,
wie treu sind deine Blätter!

O Tannenbaum, o Tannenbaum,
du kannst mir sehr gefallen.
Wie oft hat nicht zur Weihnachtszeit
ein Baum von Dir mich hoch erfreut!
O Tannenbaum, o Tannenbaum,
du kannst mir sehr gefallen!

O Tannenbaum, o Tannenbaum,
dein Kleid will mich was lehren:
Die Hoffnung und Beständigkeit
gibt Kraft und Trost zu jeder Zeit.
O Tannenbaum, o Tannenbaum,
dein Kleid will mich was lehren.

ZIMTSTERNE

Zutaten FÜR 60 ZIMTSTERNE:

4	EIER
500 G	STAUBZUCKER
30 G	GEMAHLENER ZIMT
1½ EL	ZITRONENSAFT
550 G	FEIN GEMAHLENE MANDELN
	ZUCKER (OPTIONAL)

Zubereitung:

Die Eier trennen und das Eiweiß steif schlagen.

Den Staubzucker langsam in das Eiweiß sieben, dabei schlagen, bis die Masse schön glänzt und steif ist. 5 EL davon für die Glasur (zugedeckt) beiseite stellen.

Dann Zimt, Zitronensaft und die Mandeln unter den restlichen Eischnee heben und die Masse zu einer Kugel formen. In Butterpapier oder Folie wickeln und 1 Stunde kaltstellen. Den Teig dann ca. 1 Zentimeter dick auf Zucker oder zwischen Backpapier ausrollen.

Sterne ausstechen und auf ein gefettetes oder mit Backpapier ausgelegtes Backblech legen. Jeden Stern mit dem zurückbehaltenen Eiweiß bestreichen. Vor dem Backen möglichst nochmals kühlen.

Dann im vorgeheizten Backofen bei 250°C ca. 5–10 Minuten backen, bis der Teig leicht Farbe annimmt. Auf dem Blech abkühlen lassen.

Zubereitungszeit: ca. 1,5 Stunden

IN SURIA AIN BRAITEN HAL

OSWALD VON WOLKENSTEIN

In Suria ain braiten hal
hort man durch gross geschelle,
Des freu[n]t sich da die frummen all
auf erden und zu helle
Der neuen mer, wie das an swer geboren wer
ain sun von rainer maide.
Des wunders bloss gar ser verdross den tiefel gross,
das er durch zornes laide
Brach in ain mauer tieff ain klufft,
als es die alten jehen.
zu Betlaheme ob der grufft:
die spalt hab ich gesehen.

O reicher got, küng aller reich,
herr, fürste aller herren,
Der lebentig rot auf ertereich,
vergangen und noch werden,
Wie ward die nacht mit armer macht so wol bedacht
durch dein göttliches wunder,
Als dich an mail löblichen gail mit grossem hail
gepar keuschlich besunder
Die schönste junckfrau wolgetän,
als si ie ward erkoren,
die müsst ain ellend herberg han,
do si dich hett geboren.

Ain ochs dem esel, tierlich sipp,
mit freuntschafft tet begegen,
Vor den mit fesel stünd ain kripp,
dorinn müsst si dich legen,

Die dein genas, vor der du sass, ir herr du was,
got, vatter und si dein mütter,
Du si beschüff von veiner brüf, si hat den rüff,
du seist ir kind, sun güter,
Freuntlich veraint, das ich Wolkenstein
die lieb nicht kan beklaiden.
göttlich geburd durch magt mensch rain,
hilf an dem letzten schaiden!

Weihnachtslied.

»Vom Himmel hoch, da komm' ich her«, Ludwig Richter.

BAUERNREGELN

- Ist gar gelind der Heilige Christ, der Winter darob wütend ist.
- Wenn Christkind Regen weint, vier Wochen keine Sonne scheint.
- Ist es grün zur Weihnachtsfeier, fällt der Schnee auf Ostereier.

KITZBÜHEL (TIROL).　　　　　　　　　　　　　　　　　GRAND-HOTE

Das ehemalige Grand-Hotel in Kitzbühel im Jahre 1927.

Eine tierische Weihnachtsgeschichte

Autor unbekannt

Die Tiere stritten sich wieder einmal darum, was denn die Hauptsache an Weihnachten sei. »Das ist doch klar«, sagte der Fuchs, »der Gänsebraten. Was wäre Weihnachten ohne Gänsebraten?« Der Eisbär widersprach: »Schnee muss sein, viel Schnee! Weiße Weihnachten, das ist es!« Das Reh aber sagte: »Der Tannenbaum ist es! Ohne Tannenbaum gibt es kein ordentliches Weihnachten!« »Aber nicht mit so vielen Kerzen«, heulte die Eule. »Schummrig und gemütlich muss es sein. Die Weihnachtsstimmung ist die Hauptsache.« »Und ein neues Kleid! Wenn ich kein neues Kleid bekomme, ist Weihnachten nichts!«, rief der Pfau. Und die Elster krächzte dazu: »Jawohl, und Schmuck: Ringe, Armbänder, Ketten, am besten mit Diamanten. Dann ist Weihnachten!« »Und der Stollen? Und die Kekse?«, fragte brummend der Bär, »die sind doch die Hauptsache, und die anderen schönen Honigsachen. Ohne die verzichte ich lieber ganz auf Weihnachten.« »Und wo bleibt die Familie?«, quakte die Ente. »Erst wenn ich alle Lieben um mich versammelt habe, ist für mich Weihnachten!« »Nein«, unterbrach der Dachs. »Macht es wie ich: schlafen, schlafen, schlafen! Das ist das einzig Wahre an Weihnachten, einmal richtig ausschlafen!« Und dann brüllte der Ochse plötzlich: »Aua!« Der Esel hatte ihm einen kräftigen Huftritt verpasst und sagte nun: »Du, Ochse, denkst du denn auch nicht an das Kind wie die anderen alle?« Da senkte der Ochse beschämt den Kopf und sagte: »Das Kind, natürlich das Kind, das ist doch die Hauptsache!« Und nach einer Weile fragte er den Esel: »Du, Esel, sag einmal, wissen das die Menschen eigentlich auch?«

Mensch und Tier genießen einen stillen Weihnachtsabend.

Maggie's Holiday Eggnog

Eierpunschvariante für die Feiertage

Zutaten FÜR 10 PORTIONEN:

4 Tassen	Milch	4 Tassen	Obers
5	Gewürznelken	½ TL	Muskat
1	Vanilleschote	Evt.	Vanillezucker
1 TL	Zimt	Evt.	Rum oder
12	Eigelb		Whiskey
½ Tasse	Zucker		

Zubereitung:

Die Milch mit den Nelken, der Vanilleschote und dem Zimt verrühren. Dann bei niedriger Hitze 5 Minuten erhitzen, anschließend zum Kochen bringen.

In einer separaten Schüssel Eigelb mit dem Zucker so lange verrühren, bis die Masse luftig-leicht ist. Die heiße Milch unter Rühren langsam dazugeben.

Dann die Mischung zurück in den Kochtopf füllen und bei mittlerer Hitze erhitzen. Dabei kontinuierlich so lange rühren, bis die Flüssigkeit dickflüssig wird (ca. 3–5 Minuten). Nicht kochen lassen. Die Nelken und die Vanilleschote entfernen und abkühlen lassen.

Sobald alles abgekühlt ist, Obers und Muskat einrühren. Nach Geschmack kann noch etwas Vanillezucker hinzugefügt werden. Bis zum Servieren in den Kühlschrank stellen. Vor dem Servieren kann nach Belieben noch Alkohol hinzugefügt werden (dazu eignen sich Rum oder Whiskey). Der Eierpunsch schmeckt aber auch ohne Alkohol himmlisch!

Zubereitungszeit: ca. 30 Minuten

Ein Winterabend

Georg Trakl

Wenn der Schnee ans Fenster fällt,
Lang die Abendglocke läutet,
Vielen ist der Tisch bereitet
Und das Haus ist wohlbestellt.
Mancher auf der Wanderschaft
Kommt ans Tor auf dunklen Pfaden.
Golden blüht der Baum der Gnaden
Aus der Erde kühlem Saft.
Wanderer tritt still herein;
Schmerz versteinerte die Schwelle.
Da erglänzt in reiner Helle
Auf dem Tische Brot und Wein.

Eine Weihnachtskarte aus dem Jahre 1934.

Ihr Kinderlein, kommet

Christoph von Schmid

Ihr Kinderlein, kommet, o kommet doch all'!
Zur Krippe her kommet in Betlehems Stall
und seht, was in dieser hochheiligen Nacht
der Vater im Himmel für Freude uns macht.

O seht in der Krippe, im nächtlichen Stall,
seht hier bei des Lichtleins hellglänzendem Strahl,
den lieblichen Knaben, das himmlische Kinde,
viel schöner und holder, als Engelein sind.

Da liegt es – das Kindlein – auf Heu und auf Stroh;
Maria und Josef betrachten es froh;
die redlichen Hirten knie'n betend davor,
hoch oben schwebt jubelnd der Engelein Chor.

O beugt wie die Hirten anbetend die Knie,
erhebet die Hände und danket wie sie!
Stimmt freudig, ihr Kinder, wer wollt sich nicht freu'n,
stimmt freudig zum Jubel der Engel mit ein!

- Der Weihnachtsbaum wurde früher mit Äpfeln geschmückt. Heute erinnern Christbaumkugeln an die Äpfel und das Paradiesische am Weihnachtsfest.
- Der Engel ist Vermittler zwischen Gott und den Menschen, ein Bote des Himmels am Baum. Ein Engel überbrachte Maria die Botschaft von der nahenden Geburt des Erlösers.
- Auch kleine Geschenke und Spielsachen hängen am Christbaum. Sie erinnern an die Gaben der Heiligen Drei Könige, symbolisieren Nächstenliebe und Hingabe.
- Glocken erschallen, um die Geburt Christi zu verkünden und zur Feier der Christmette einzuladen. Sie sind zu Symbolen für die Weihnachtsfreude geworden: Süßer die Glocken nie klingen …
- Der Stern ist Wegweiser, Licht und Hoffnung. Er wurde zum Weihnachtssymbol, weil die Weisen aus dem Morgenland von einem Stern zum neugeborenen Jesuskind geführt wurden. Lange hielt man den Stern von Bethlehem für einen Kometen, weshalb der Weihnachtsstern häufig mit einem Schweif dargestellt wird.
- In Tirol heißt die Mistel Drudenfuß und gilt als Schutz vor Hexen und Teufeln. Mistelzweige sind bei uns heute beliebtes Dekorationsmittel geworden. Jedes Jahr hängen Mistelzweige über so mancher Tür und junge Pärchen stehen küssend darunter. Der landläufigen Legende nach bleiben diese Paare ein Leben lang zusammen.

◄ *Die Pettneuer Kirche war Vorbild für den von Maggie Manning gestalteten Christbaumschmuck.*

Als Weihnachtsschmuck hat auch die Stechpalme Tradition.

Es hat sich halt aufton

Nordtiroler Weihnachtslied

Es hat sich halt aufton
das himmlische Tor,
die Engelen, dö kugelen
ganz haufnweis hervor;
die Büabelen, die Madelen,
dö machen Purzigagelen,
bald auffi, bald abi,
bald hin und bald her,
bald unterschi, bald überschi,
dös gfreut sie umso mehr.
Alleluja, alleluja,
alle, alle, alleluja.

Iatz haben ma halt das himmlische
Gwamml erblickt,
es hat uns Gott Vater
an Botn zuagschickt:
Mir sollten uns vereinen
zum Kindlein auf der Roas,
verlassn unsre Öchslan,
die Kälber und die Goas,
verlassn unsre Öchslan,
die Kälber und die Goas.
Alleluja, alleluja,
alle, alle, alleluja.

Aft sein mir halt gangen,
i und du a,
stracks hin halt zum Krippele,
hopsasasasa!
Du, Mennigle, du Schlanggele,
nimm du dei gmästets Lampele
und Gorl, du a Henn,
und Riepl, du an Huhn,
und i nimm mei dicks Fackele,
renn a damit davun.
Alleluja, alleluja,
alle, alle, alleluja.

Geh, Veitl, mir wölln
die Gscheiteren sein,
mir betn's Kindl an
im Ochsenkrippelein:
Liabs Büabl, was willst haben,
willst öppar unsre Gabn,
willst Äpfl oder Birn
oder Nussn oder Kas,
willst Zwöschbn oder Pflaumen
oder sinst a sölles Gfraß.
Alleluja, alleluja,
alle, alle, alleluja.

»Die Büabelen, die Madelen, dö machen Purzigagelen.«

Fröhliche Weihnacht überall!

Hoffmann von Fallersleben

»Fröhliche Weihnacht überall!«,
tönet durch die Lüfte froher Schall.
Weihnachtston, Weihnachtsbaum,
Weihnachtsduft in jedem Raum!

»Fröhliche Weihnacht überall!«,
tönet durch die Lüfte froher Schall.
Darum alle stimmet in den Jubelton,
denn es kommt das Licht der Welt von des Vaters Thron.

»Fröhliche Weihnacht überall!«,
tönet durch die Lüfte froher Schall.
Licht auf dunklem Wege, unser Licht bist du;
denn du führst, die dir vertrau'n, ein zu sel'ger Ruh'.

»Fröhliche Weihnacht überall!«,
tönet durch die Lüfte froher Schall.
Was wir ander'n taten, sei getan für dich,
dass bekennen jeder muss, Christkind kam für mich.

DIE WEIHNACHTSGLOCKE VON ACHENKIRCH

Im Jahre 1800 zogen die Franzosen von Tegernsee in das Achental vor. 200 österreichische Soldaten nahmen im Achental Stellung. Sie brauchten sämtliche Lebensmittelvorräte der Einheimischen auf und brachten sie in große Bedrängnis. Zudem mussten die Bewohner am Christabend ihre Höfe verlassen und vor dem Feind in die Berge auf ihre Almen flüchten. Ein Gedenkstein erinnert auf der Alpe Falkenmoos an das Weihnachtsfest des Jahres 1800. An diesem Abend vernahm man völlig unerwartet die Klänge der Achenkircher Turmglocke aus dem Tal. Man lauschte ergriffen, denn der Klang der »Sunnterin« gab Hoffung auf Frieden. Wer aber hatte die Glocke geläutet? Ein kränklicher alter Mann war im Dorf verblieben. Man konnte nicht fassen, dass er die große schwere Glocke bewegen konnte. Er selbst gab an, dass er die Glocke kaum anrühren musste und schon sei sie von selbst erklungen. Da sprach man von einem Weihnachtswunder, der Weihnachtsglocke von Achenkirch.

Feldpost mit Liebesbotschaft auf der Rückseite: »… und viele innige Küsse auf den Mund!«

ENGELLIED ZU WEIHNACHTEN

VOLKSGUT

Ihr Hirten erwacht,
seid munter und lacht,
die Engel sich schwingen
vom Himmel und singen:
»Die Freude ist nah!
Der Heiland ist da!«

Der Stall, er war alt,
zerborsten und kalt.
Es schmerzten die Winde
der Mutter, dem Kinde,
der Regen, der Schnee
vermehren das Weh.

Das Kripplein ist hart,
das Kindlein ist zart.
Ihr habt ja noch Wiegen,
lasst Gott darin liegen.
Auf, Zimmer und Zelt
dem Heiland der Welt!

Ein Gebet ans Christkind, 1912.

»HOLLA, HOLLA BIRAZELTA!
SÜESS ODER SAUER, HERAUS MIT'N BAUER!«

WEIHNACHTLICHES BRAUCHTUM

Am 26. Dezember, dem Stefanitag, fand morgens die Salz- und Wasserweihe in der Kirche statt. Das »Steffeswasser« nutzte man gegen den Einfluss der Hexen und bösen Geister. Dem Vieh gab man das »Weihsalz«. Mancherorts fand eine Pferdeweihe statt. Burschen ritten im Wettstreit um die Kirche. In Gerlos kannte man im 15. Jahrhundert einen solchen Stefaniritt. In bäuerlichen Familien fand das feierliche Anschneiden des Hauszeltens statt, den man mit Butter und Schnaps genoss. In der Nacht auf den folgenden Johannistag wurde getrunken, gesungen, getanzt und gerauft, denn die Ortsjugend trieb allerlei Streiche.

Zwischen Stefanitag und Dreikönig veranstaltete man seit der Nachkriegszeit Christbaumversteigerungen mit Tanz und Unterhaltung. Am Johannistag, dem 27. Dezember, wurde in der Dorfkirche »Johanniswein« geweiht. Am Unschuldige-Kinder-Tag, dem 28. Dezember, und den darauf folgenden Tagen gingen Kinder mit Stangen oder Ruten um, versetzten Hausbewohnern einen sanften Schlag und sagten dabei einen Segenswunsch auf, z.B. im Ötztal: »Glückseligs nuis Jahr a die Gömmacht.« Die Kinder bekamen dafür Süßigkeiten oder Geld. Mancherorts entwickelte sich das Holla-Schreien zu: »Holla, holla Birazelta! Süeß oder sauer, heraus mit'n Bauer!«

Silvesterfeuerwerk in einem Tiroler Dorf, 2012.

3. Silvester und Neujahr

A GLÜCKSELIGS NEUS JAHR

GLÜCKWUNSCHVERS AUS ST. JAKOB

I wünsch euch a glückseligs huldreiches neus Jahr,
Glück und Segen das ganze Jahr,
Glück und Segen ein und aus,
Glück und Segen 's ganze Haus;
Ein aufgedeckter Tisch
Auf jeden Egg an Fisch,
Mitten a Glas Wein,
Dass wir mögen alle lustig sein.

»A glückselig's neu's Jahr«, wünscht Emma.

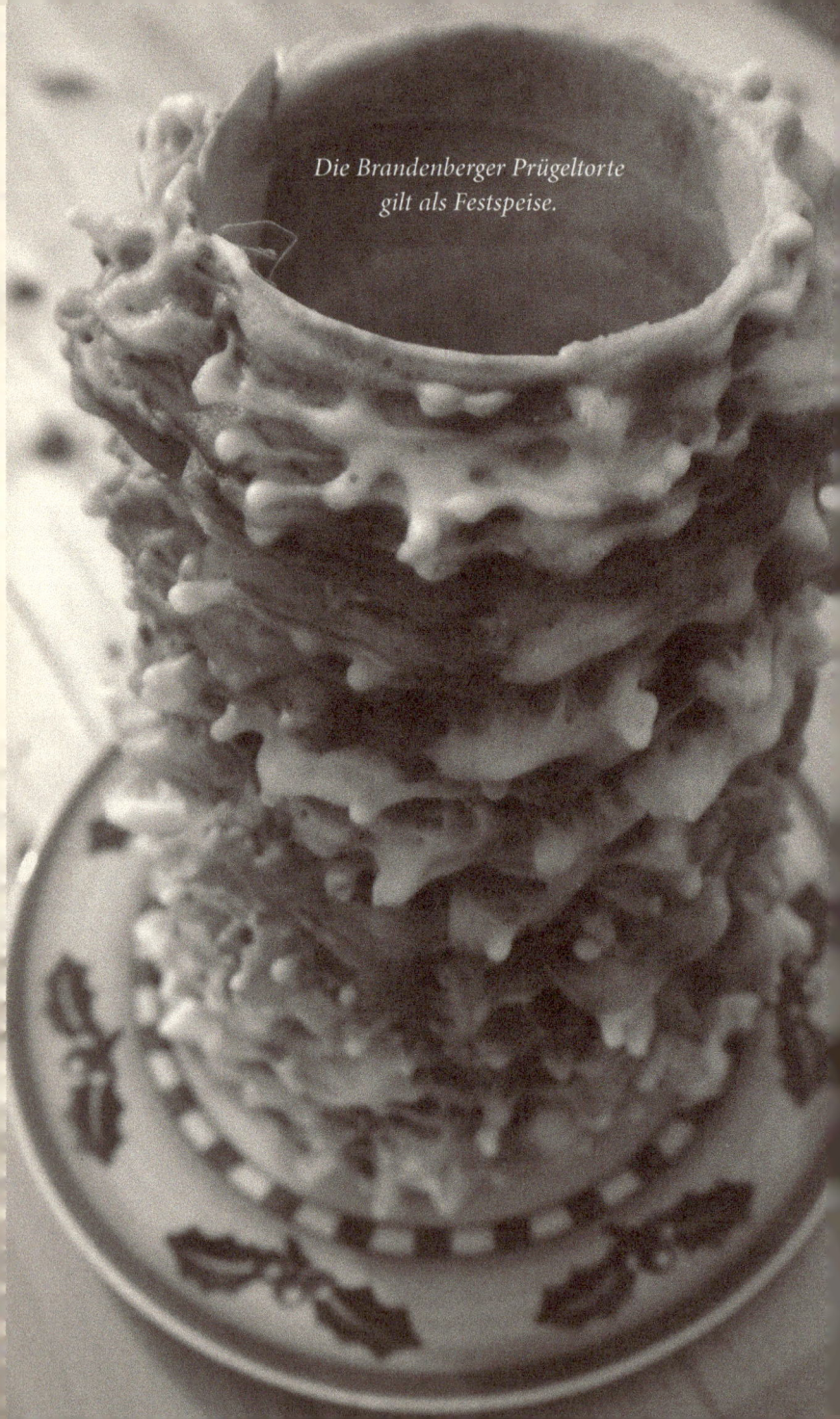

Die Brandenberger Prügeltorte gilt als Festspeise.

DIE RAUHNÄCHTE – KAMPF GEGEN BÖSE GEISTER

Nach uraltem Tiroler Glauben treiben in den Nächten zwischen dem 24. Dezember und Dreikönig die Winterdämonen und bösen Geister ihr Unwesen in Haus und Hof. Man arbeitete wenig und hielt viele Andachten, denn zur Geisterbekämpfung diente Gebet als Angriffs- und Abwehrmittel sowie das Weihwasser, das in Stall und Scheune versprengt wurde, oder Räucherwerk, das den Zwölf Nächten auch den Namen Rauch- oder Rauhnächte einbrachte.

Üblich war dieses Räuchern früher in weiten Teilen Tirols. Mit der Glutpfanne – auf die man Weihrauch und geweihte Kräuter legte – verbreitete man unter Gebet durch das Haus ziehend den böse Geister abwehrenden Rauch. In manchen Orten Tirols wird

Eine alte Neujahrsgrußkarte.

heute noch am Weihnachtsabend, zu Neujahr oder am Abend des Dreikönigsfestes geräuchert.

In den Rauhnächten, so der Aberglaube, schleicht die Percht oder Berchtmutter durch die Gegend. Um sie gnädig zu stimmen, legt man für sie und ihre Kinder Brot und Milch vor die Tür, was den 5. Jänner zur Gömmacht oder Gebnacht macht. Am 5. Jänner sind auch Perchtenumzüge Brauch. Das Perchtenlaufen am 5. Dezember hat nur denselben Namen wie jenes am 5. Jänner, sonst aber eine völlig andere Entstehungsgeschichte.

Im Tiroler Unterland wollte man in den Rauhnächten durch »Leaslen«, Losen, etwas über die Zukunft erfahren, etwa ob eine Heirat oder Reichtum bevorstand. Aus der Fallrichtung eines geworfenen Schuhs sagte man in Südtirol die Zukunft voraus.

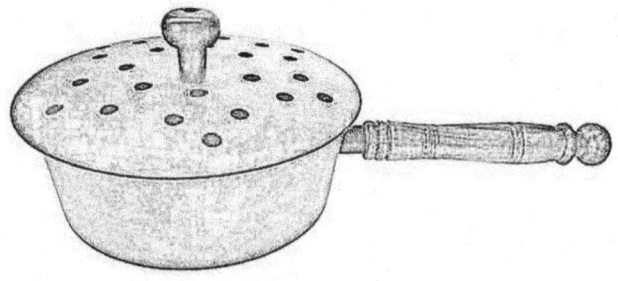

Eine Glutpfanne.

Frau Berchta mit dem Hackel

Sage

Einmal gingen Leute von Kollmann gegen Klausen. An der Straße stand ein Bildstöckl, und als sie von diesem eine halbe Stunde gegangen waren, hörten sie einen Lärm. Da schrie einer: »Seid still, jetzt kommt die Berchta!«

Und da kam sie und hackte dem Schreier ein Hackel (Beil) in den Fuß. Er hatte furchtbare Schmerzen und litt lange. Da sagte man ihm, er solle zu derselben Stunde um Weihnachten auf den nämlichen Platz gehen, wo ihm das Unglück geschehen war. Er folgte dem guten Rate und Berchta nahm ihm das Hackel heraus. Wenn zu Weihnachten das Werch (Flachs-, Hanfabfall) nicht abgenommen war, so war es verloren. Die Berchtl hatte es fortgetragen.

St. Anton am Arlberg im Winter.

*Heute wünscht man »einen guten Rutsch!«, Fotokarte aus dem
Jahr 1918.*

Lasst uns froh das Jahr beschliessen

Volksgut

Lasst uns froh das Jahr beschließen,
was es immer auch gebracht!
Mocht' uns manches auch verdrießen,
haben wir doch mehr gelacht
voller Freude, voller Lust,
laut hinaus aus voller Brust.

Lasst uns froh ins Neue schauen,
dass es stets nur Gutes bringt!
Lasst uns blind darauf vertrauen,
dass uns alles wohl gelingt,
was wir planen, was wir hoffen.
Hold steh' uns die Zukunft offen.

Lasst uns froh die Gläser heben
auf ein gutes, neues Jahr!
Fördern soll es unser Streben,
bannen soll es Notgefahr.
Horchet, wie die Glocken klingen!
Frieden sollen sie uns bringen.

»Lasst uns froh die Gläser heben«, Neujahrsgrußkarte.

BAUERNREGELN

- Ist's in den Zwölf Nächten mild, sind sie milden Winters Bild.

- Silvesterwind und warme Sonn' werfen jede Hoffnung in den Bronn'.

- Neujahrsnacht still und klar, deutet auf ein gutes Jahr.

- Neujahrsnacht hell und klar, deutet auf ein reiches Jahr.

- Morgenrot am ersten Tag bringt Unwetter und große Plag.

- Wenn es zu Neujahr schneit, gibt es viele Bienenschwärme.

- Neujahrssonnenschein lässt das Jahr fruchtbarer sein.

- Wenn's um Neujahr Regen gibt, oft um Ostern Schnee noch liegt.

- Ein Jahr, das schlecht will sein, stellt sich schwimmend ein.

Bei Skitouren beobachtet man die Wetterlage besonders genau.

Grußkarte aus dem Jahr 1911.

»A GLÜCKSELIGS NEUS JAHR«

SILVESTER- UND NEUJAHRSBRÄUCHE

Wie in vielen Regionen, lässt man es zu Silvester auch in Tirol so richtig krachen. Um die Abwehr von bösen Geistern in der Nacht zum Jahreswechsel geht es schon seit Urzeiten. Geknalle, Trommeln, Schellen und Peitschenhiebe sorgen für den nötigen Lärm, um alle Dämonen fernzuhalten. Dabei spielt die Hoffnung auf Fruchtbarkeit und Wohlstand im neuen Jahr eine große Rolle. In der Silvesternacht schon beginnt in Hötting das Winterausschnalzen, »Aperschnalzen« genannt. Zum Jahreswechsel haben Glücksbringer Hochkonjunktur. Besonders beliebt sind Schweinderl. Wenn ein Bauer ein Schwein besaß, konnte er seine Familie durch den Winter bringen und hatte »Schwein gehabt«. Ebenfalls beliebt ist das Hufeisen, das als Talisman Haus und Hof schützen soll. Rauchfangkehrer gelten bis heute als Glücksbringer. Da ungereinigte Kamine früher oft zu Bränden führten, hatten diejenigen Hausbesitzer, deren Häuser nicht abbrannten, weil die Kamine gekehrt waren, Glück. Der Jahresausklang ist auch eine besondere Zeit, um in die Zukunft zu schauen. Im Laufe der Geschichte bildeten sich einige Orakelbräuche heraus, die man von der Thomasnacht kannte. Ein Favorit ist das Bleigießen. Erhitztes, flüssiges Blei wird in kaltes Wasser geworfen, wo es erstarrt und Figuren bildet, die es zu interpretieren gilt. Das schon im Mittelalter praktizierte Bleigießen hat sich bis heute erhalten.

Bis heute hat sich auch der Gruß »Prosit Neujahr« erhalten. Der Glückwunsch »I wünsch euch a glückseligs huldreiches neus Jahr« beinhaltet, dass das Schicksal dem Mitmenschen hold sein und er zufrieden sein möge. Heute wünscht man sich kurz: »A guats neis!«

Moderne Neujahrsbräuche sind Silvester- und Neujahrskonzerte, die auch in Tiroler Städten und Orten immer beliebter

Ein Zug beladen mit Glückssymbolen.

werden, Fackelläufe der Skischulen oder das alljährliche Silvester-
schwimmen: Leicht bekleidet springen die Teilnehmer in den
ca. vier Grad kalten Achensee, um die 25 Meter bis zum Eisberg
zurückzulegen, die Silvesterglocke zu läuten und möglichst schnell
wieder retour an den Steg zu gelangen.

In ganz Tirol finden am Silvesterabend ausgelassene Feiern statt
und prächtige Feuerwerke begrüßen das neue Jahr.

Diese dekorative Karte stammt aus dem Jahr 1910. ▶

Januar

1

Prosit
Neujahr

Neujahrswunsch

Volksgut

Ein neues Jahr nimmt seinen Lauf,
die junge Sonne steigt herauf.
Bald schmilzt der Schnee, bald taut das Eis,
bald schwillt die Knospe schon am Reis.
Bald werden die Wiesen voll Blumen sein,
die Äcker voll Korn, die Hügel voll Wein.
Und Gott, der ewig mit uns war,
behüt' uns auch im neuen Jahr.
Und ob wir nicht bis morgen schau'n,
wir wollen hoffen und vertrau'n.

Der Briefträger überbringt in den 1930er-Jahren gute Wünsche.

Die besten Glückwünsche

zum neuen Jahre

Das Bergklöpferl

In den Bergwerken klopft und hammerlt es bald nahe, bald fern in dem Felsen drinnen, so erzählen die alten Knappen bei Schwaz und Rattenberg, ja auch anderswo im Lande. Und wenn die Grubenleute ein solches Bergklöpferl hören, dann halten sie es für ein gutes Zeichen zum baldigen Fündigwerden wertvoller Erze.

Das Bergklöpferl ist ein altes, graubärtiges Männlein, welches höchst selten gesehen wird. Es weicht den Menschen aus und mag mit ihnen nicht viel zu schaffen haben. Zu jener Zeit, als Tausende von Arbeitern in dem Silber- und Kupferbergbau am Ringenwechsel beschäftigt waren, hatte man eine Tragbahre im Eingangsstollen stehen, auf welcher Verunglückte oder Tote zur Kirche hinabgetragen wurden. Auf dieser Tragbahre sah man das Bergklöpferl manchmal sitzen, aber leider geschah dann meist am nämlichen Tage noch ein Unglück. Dieser Klopfglaube hat sich bis in die neueste Zeit erhalten. Es baute nämlich Bartlmä Hechenblaickner im Alpbachtal unterm Stolzenhof am Bach eine Alaunfabrik und stellte den Geschäftsführer Gerhard Wigold aus Saarbrücken im Jahre 1857 an. Derselbe grub nun mit anderen in dem Felsen nach alaunhaltigem Schieferstein, welcher mit Quarz und Eisenkies brach und in der Richtung lag, wo einst die reichen Silberbergwerke anstanden. In diesem Jahre hörte sowohl Hechenblaickner als auch Wigold und andere Neugierige im Schachte das merkwürdige Klopfen. Zwar nicht alle Tage, sondern nur zu gewissen Zeiten, oft näher, oft ferner, und es ward um Neujahr 1858 wieder gehört. Wassertröpfeln konnte es unmöglich sein, wie sich mehrere Beobachter überzeugt hatten – es musste das Bergklöpferl sein, meinten die Leute und hofften auf einen baldigen Fund reicher Gold- und Silberadern.

Herzliche Neujahrswünsche, eine Künstlerkarte.

Liebestrunkene Neujahrsgrüße aus dem Jahre 1910.

Zu Neujahr

Wilhelm Busch

Will das Glück nach seinem Sinn
dir was Gutes schenken,
sage dank und nimm es hin
ohne viel Bedenken.
Jede Gabe sei begrüßt,
doch vor allen Dingen
das, worum du dich bemühst,
möge dir gelingen.

Aus »Frohe Fahrt« entwickelte sich: »Einen guten Rutsch ins
neue Jahr!«

Die Sternsingerlieder »Jetzt fangen wir zum Singen an« und »Gott grüaß enk Leutl« gehören heute zu den populärsten.

4. Dreikönig und Lichtmess

DREIKÖNIGSSPRUCH DER TARRENZER STERNSINGER

Die Heiligen Drei Könige mit ihrem Stern,
Sie essen und trinken und zahlen nit gern;
Sie laufen durchs Gassele auf und ab;
Herodes schaut beim Fenster heraus,
Ob nicht bald kommen die Weisen nach Haus.

»Dreikönigslied«, Ludwig Richter.

STERNSINGERLIED

AUS DEM ZILLERTAL

Ja gruaß di' Gott, mei Bauar,
heint hem miar halt amal da!
Geah schau nit drein so sauar,
miar kemmen ja hear alle Jahr.
Miar kemmen nit wegns Göbn,
wegns Kinderschaun hear,
so oft miar zu enk kemmen
ischt allweil um uans meahr.

Und Hennin habtit's schiane,
dia lögn ja sichr recht toll.
Wer weard die Oar a' nemmen?
Ja, 's Weibl halt aft, woasche woll.
Sie warn ja guat zum Singen,
man brauchet gar nit viel,
die Oare göbn s' an Mannein,
aft hend sie liabar still.

Iatz ischt die heilige Weihnacht
Es tat üns halt wolltein schua noat,
an Schnaps an Glasl innen
und a Loabl vun Klötznbroat.
Das Klötznbroat ischt allweil
recht guat, grad sovl rar.
Es tat üns wirklach wundarn,
wenn hoir amal uans war.

Die Räucherzeremonie am Vorabend des Dreikönigsfestes nahmen die Bauern traditionsgemäß besonders genau. War der Dreikönigsabend am 5. Jänner früher doch wie ein zweiter Heiliger Abend. Mit geweihter Kreide wurde über die Türen die Jahreszahl und die Buchstaben C + M + B geschrieben. Die drei Buchstaben sind nicht, wie viele vermuten, die Abkürzung der Heiligen Drei Könige Caspar, Melchior und Balthasar, sondern es handelt sich um die Anfangsbuchstaben des Gebetes »Christus mansionem benedicat«, Christus segne dieses Haus.

Der »Perchtentag«, ebenfalls am 5. Jänner, bildete den Abschluss und Höhepunkt einer Zeit, die im Volksglauben von Perchten, wilden Jagden und geheimem Zauber geprägt war. Im Zillertal und in Alpbach haben sich bis heute Umzüge von Perchtengestalten am Dreikönigstag erhalten. Deshalb waren die Anfänge des Sternsingens mit Perchtenbräuchen vermischt. Mit ihren Liedern erbettelten sich Sänger milde Gaben. Zeitweise wurde das Sternsingen wegen der damit verbundenen Auswüchse sogar verboten. Vor Jahren erneuerte die Katholische Jungschar diesen Brauch.

Als Kaspar, Melchior und Balthasar verkleidete Kinder wandern in den Dörfern und Städten von Haus zu Haus um die Geburt Christi zu verkünden. An langen Stangen tragen sie den großen goldenen Stern und singen vor Häusern und Höfen ihre Sternsingerlieder. Dafür bekommen sie Weihnachtsgebäck, Süßigkeiten und Geld. Statt für sich selbst, sammeln die Sternsinger heute für die katholische Mission, die mit dieser Spendenaktion Entwicklungshilfeprojekte unterstützt. Nicht selten verbinden die Sternsinger ihren Auftritt mit einem kleinen Spiel, das sich auf die Geschichte der Heiligen Drei Könige bezieht. Hermann Mang schrieb 1927 in seinem Buch »Unsere Weihnacht« Folgendes aus dem Pustertal nieder, als lokale Besonderheit haben die Könige einen Diener dabei:

STERNSINGERSPIEL

Bevor die Könige und ihr Diener in eine Stube eintreten, sprechen sie mitsammen:
>*Wir sind die Heiligen Drei Könige aus dem Morgenland,*
>*Kaspar, Melchiores und der Balthauser,*
>*Ihr sollt uns jetzt sehen und hören!*

Nachdem alle eingetreten, beginnt König Kaspar:
>*König Kaspar bin ich genannt,*
>*Komm daher aus dem Morgenland,*
>*Komm daher in großer Eil,*
>*In vierzehn Tag fünfhundert Meil.*
>*Ich bin nicht allein,*
>*Sondern König Melchiores, tritt du herein!*

Melchior:
>*Ich tritt herein durch die Tür*
>*Und mach das heilige Kreuz dafür;*
>*Durchs heilige Kreuz der Gottessegen,*
>*Welchen Gottvater vom Himmel gegeben.*
>*Balthauser, Balthauser, du langsamer Schmauser,*
>*Komm einmal nach!*
>*Wir haben kein Zeit,*
>*Wir müssen finden das Jesukind noch heut!*

Balthasar:

> Lass doch aus und mach mir nicht heiß,
> Ich muss zuerst fragen, wie die Hausfrau heißt
> Ich habe verloren die Myrrhe und das Geld,
> Ich muss schauen, dass mir die Hausfrau gibt einen Weih-
> nachtszelt;
> Und mit dem Weihnachtszelt hab ich noch nicht genue,
> Es gehört a Butter und a Geld dazue.

Alle`drei:

> Wir Heiligen Drei König mit unserem Stern
> Wir wollen jetzt singen und Jesus verehrn.
> Wir finden ein Kindlein nacket und bloß
> Und legens Mariä der Mutter in Schoß.
> Die Engelen, die Bengelen, sie machen kurze Gangelen,
> Sie machen Purzigagelen,
> Bald aui, bald oai, bald hin und bald her,
> Bald überschi, bald unterschi, dös freut sie umso mehr.

Kaspar:

> Meine lieben Leut, i sags euch nit,
> Wenns kommt, dann nehmts Verlieb damit.
> I hab Röselen viel und Dörner dran,
> Man kann nit alles besunders habn:
> Wiegenschnur und Wickelband,
> Ein Fingerring für Bräutleins Hand;
> Ein Ehrenkranz und seidenen Flor,
> Einen Schlüssel auch für das Friedhofstor.
> Merkts wohl, was i bitt und sag,
> Denn es kann jeden treffen alle Tag.

Einen stillen Sinn in Freud und Not,
Ein ruhigs Gewissen geb euch Gott.
Und der diese Sache redlich meint und gut
Und der seine Sache in Ordnung tut,
Dem bringt das neue Jahr nur Segen mit;
Und wenn ihr anders wollt, ihr könnt gar nit.

Denn achtet wohl und vergesset nicht,
Was der liebe Herrgott selber spricht:
Suchet zuerst die Gerechtigkeit und das Reich Gottes auf
Erden,
Und das andere wird euch gratis nachgeworfen werden.
Zuletzt wünsche ich noch, dass wir auch für die Seele ein
glückliches Jahr haben.
Das Achtundzwanzigerjahr soll sein wie ein Stück
Himmelsleiter,
Dass wir kommen ein großes Trumm weiter.
Ganz zuletzt wünsch ich noch, dass wir uns mit
glückstrahlenden Augen
Im Himmel werden wieder schaugen.

Balthasar:

    Jetzt hab i schon ghört die Schlüsselen klingen,
    Jetzt werden sie uns bald etliche Kreuzerlen bringen;
    Etliche Kreuzer sind noch nit genue,
    Es gehört a Butter und a Zeltn dazue.

Diener:

    Die Heiligen Drei Könige mit ihrem Stern,
    Sie essen und trinken und zahlen nicht gern.

Alle zusammen:

    Jetzt müssen wir lei gehen, sonst kriegn wir nit gar,
    Sonst werfts uns am End no außa beim Tor.
    Jetzt behüt euch Gott und lebt nur recht wohl
    Und werd uns aufs nächste Jahr noch nit gstohln.

Die besten Weihnachtsgrüße

Die Sternsinger erhielten manchmal Obst und Weihnachtsgebäck.

- Ist bis Dreikönigstag kein Winter, so kommt auch keiner mehr dahinter.
- Braut der Jänner Nebel gar, wird das Frühjahr nass fürwahr.
- Wenn's im Jänner donnert überm Feld, kommt später die große Kält'.
- Die Erde muss ihr Betttuch haben, soll sie der Winterschlummer laben.
- Ein Jänner wie ein März ist dem Bauern ein schlechter Scherz.
- Ist der Jänner hell und weiß, kommt der Frühling ohne Eis, wird der Sommer sicher heiß.
- Ist der Jänner feucht und lau, wird das Frühjahr trocken und rau.
- Kommt der Frost im Jänner nicht, zeigt im März er sein Gesicht.
- Lässt der Jänner Wasser fallen, lässt der Lenz es gefrieren.
- So viel Tropfen im Jänner, so viel Schnee im Mai.
- Fehlen im Jänner Schnee und Frost, gibt der März gar wenig Trost.
- Im Jänner werden die Tage länger und der Winter strenger.
- Im Jänner Reif ohne Schnee tut Bergen, Bäumen und allem weh.
- Jännerschnee zuhauf, Bauer halt die Säcke auf.
- Jänner warm – dass Gott erbarm!
- Je frostiger der Jänner, desto freundlicher das ganze Jahr.
- Wenn der Frost im Jänner nicht kommen will, kommt er sicher im April.

»Um sechs Uhr verließ ich Mittenwald, den klaren Himmel reinigte ein scharfer Wind vollkommen ... Nun aber bei dem Glanze der aufgehenden Sonne die dunkeln, mit Fichten bewachsenen Vordergründe, die grauen Kalkfelsen dazwischen und dahinter die beschneiten höchsten Gipfel auf einem tieferen Himmelsblau, das waren köstliche, ewig abwechselnde Bilder. Bei Scharnitz kommt man ins Tirol ... Es sieht gut aus: an der einen Seite ist der Felsen befestigt, an der andern steigt er senkrecht in die Höhe«, schrieb Johann Wolfgang von Goethe im Winter 1786.

Epiphaniasfest

Johann Wolfgang von Goethe

Die Heiligen Drei König' mit ihrem Stern,
sie essen, sie trinken und bezahlen nicht gern;
sie essen gern, sie trinken gern,
sie essen, trinken und bezahlen nicht gern.

Die Heil'gen Drei König' sind gekommen allhier,
es sind ihrer drei und sind nicht ihrer vier;
und wenn zu dreien der vierte wär',
so wär' ein Heil'ger Drei König mehr.

Ich erster bin der weiß' und auch der schön',
bei Tage solltet ihr erst mich seh'n!
Doch ach, mit allen Spezerein
werd ich sein Tag kein Mädchen mir erfrein.

Ich aber bin der braun' und bin der lang',
bekannt bei Weibern wohl und bei Gesang.
Ich bringe Gold statt Spezerein,
da werd ich überall willkommen sein.

Ich endlich bin der schwarz' und bin der klein'
und mag auch wohl einmal recht lustig sein.
Ich esse gern, ich trinke gern,
ich esse, trinke und bedanke mich gern.

Die Heil'gen Drei König' sind wohlgesinnt,
sie suchen die Mutter und das Kind;
der Joseph fromm sitzt auch dabei,
der Ochs und Esel liegen auf der Streu.

Wir bringen Myrrhen, wir bringen Gold,
dem Weihrauch sind die Damen hold;
und haben wir Wein von gutem Gewächs,
so trinken wir drei so gut als ihrer sechs.

Da wir nun hier schöne Herrn und Frau'n.
Aber keine Ochsen und Esel schau'n,
so sind wir nicht am rechten Ort
und ziehen unseres Weges weiter fort.

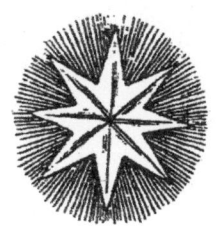

Um Lichtmess wird die Krippe verräumt

Traditionellerweise wurde spätestens zu Maria Lichtmess, früher »Mariä Reinigung«, am 2. Februar – »februare« für lateinisch reinigen – die Krippe verräumt und der Christbaum aus der Wohnung entfernt. In der Kirche wurden an diesem Tag die Kerzen geweiht, deren Licht im Laufe des Kirchenjahrs wieder Hoffnung spenden würde. Je näher es gegen Lichtmess ging, desto leichter wurde dem Bauern ums Herz, hieß es, denn die Tage wurden spürbar länger:

> *Weihnachten um an' Muggenschritt,*
> *Neujahr um an' Hahnentritt,*
> *Dreikönig um an' Hirschensprung,*
> *Lichtmess um a ganze Stund'.*

Der Föhn fraß den Schnee weg. Felder und Wiesen brauchten die stärker werdende Sonne, damit sie sprossen und wuchsen. Maria Lichtmess war deshalb ein bedeutungsvoller Lostag:

> *Scheint zu Lichtmess die Sonne heiß, gibt's noch sehr viel*
> *Schnee und Eis.*

Maria Lichtmess war der eigentliche Neujahrstag der Bauern. Mit dem Frühling begann das neue Arbeitsjahr. Neue Knechte und Mägde wurden aufgenommen und bisherige bezahlt und verabschiedet.

DER KRANZLWURM

SAGE

Zu einer Bauerndirn in Gufidaun kam jeden Tag ein Wurm mit einem Kranzl auf dem Kopf in den Stall. Sie gab ihm morgens und abends Milch in einem Schüsslein. Um Lichtmess wollte die Magd schlenggeln, d.h. den Dienstplatz wechseln, und am letzten Tag sagte sie abends zum Wurm: »Mein lieber Wurm, leb wohl! Heut' geb' ich dir die Milch zum letzten Mal.«

Da legte der Wurm das Kranzl in das Milchschüssele und kroch davon. Die Magd nahm das funkelnde Kranzl als Andenken mit und legte es zu ihrem Gelde. Da war nun ein besonderer Segen dabei, denn das Geld nahm nie ab, mochte sie davon nehmen, wie viel sie wollte.

Lichtmess im Klee, Ostern im Schnee, alte Bauernregel.

»Je höher der Kirchturm, desto schöner das G'läut, und je weiter
auf'm Berg, desto größer die Freud'.« (Volksweise)
Eine Künstlerkarte von F. Lesche »Kirchlein in Tirol«.

SCHNADERHÜPFL

AUS AXAMS

Z'Weihnacht a Zelten,
Z'Oastern an Oa,
Z'Weihnacht recht lustig,
Z'Oastern recht froah!

Hob mer a Geldl,
Hob mer a Haus,
Putz mer ins z'Oastern
Fein sauber aus!

Z'Weihnacht ischs schneaweiß,
Z'Oastern ischs grien,
Z'Weihnacht ischs hoamisch,
Z'Oastern ischs schien!

Fiehrn inser Madl
Saggerisch fein
Ins nette Häusl
Hoazatlich ein!

Eine Liedkarte aus dem Jahr 1907.

Liederverzeichnis

Bildnachweis

ARCHIV HANS W. BOUSSKA: S. 82

DEUTSCHER JUGENDKALENDER FÜR 1848, HRSG. HUGO BÜRKNER, Leipzig 1848: S. 88

ES WAR EINMAL. EIN BILDERBUCH VON DRESDNER KÜNSTLERN, Dresden 1862: S. 43, 44

GABI HERAS-GEHART (Foto): S. 17, 41, 80

Georg Scherer's illustrirtes Kinderbuch, Leipzig 1869: S. 51

GUMPERT, THEKLA VON: *Hymnen für Kinder*, Berlin 1846: S. 110

GUSTAV NIERITZ (HRSG.): *Sächsischer Volkskalender für das Jahr 1842*, Leipzig 1842: S. 71, 105

GUSTAV NIERITZ (HRSG.): *Sächsischer Volkskalender für das Jahr 1847*, Leipzig 1847: S. 108

J. GABER'S ATELIER FÜR HOLZSCHNEIDEKUNST (HRSG.): *Christenfreude in Lied und Bild*, Leipzig 1855: S. 135

REINICK, R.: *J. P. Hebel's allemannische Gedichte*, Leipzig 1851: S. 106

RICHTER, LUDWIG: *Für's Haus. Im Winter*, Dresden 1858: S. 92

RICHTER, LUDWIG: *Gesammeltes für's Haus*, Dresden 1869: S. 21, 173

RICHTER, LUDWIG: *Was bringt die Botenfrau, Erster Tragekorb*, Leipzig 1850: S. 129

TRAUGOTT, JOHANN: *An der Krippe zu Bethlehem*, Dresden 1852: S. 90

TRAUGOTT, JOHANN: *Knecht Ruprecht*, Leipzig 1852: S. 35

Alle anderen Bilder stammen aus dem Archiv der Verfasserin.

Literaturhinweise

ALPENBURG , JOHANN NEPOMUK RITTER VON (HRSG.): *Deutsche Alpensagen*, Wien 1861.

ARCHIV DER OSWALD VON WOLKENSTEIN-GESELLSCHAFT

GOETHE, JOHANN WOLFGANG VON: *Italienische Reise*, Hamburger Ausgabe, München 1988.

HEYL, JOHANN ADOLF: *Volkssagen, Bräuche und Meinungen aus Tirol*, Brixen 1897.

LUDWIG VON HÖRMANN: *Tiroler Volksleben*, Stuttgart 1909.

MANG, HERMANN: *Unsere Weihnacht, Volksbrauch und Kunst in Tirol*, Innsbruck 1927, Abdruck mit freundlicher Genehmigung: Seiten 9, 12, 14, 34 und 35.

REIMMICHL: *Weihnacht in Tirol*, 9. veränderte Auflage, Wien/Innsbruck 1996, Abdruck mit freundlicher Genehmigung: Seite 130.

REITER, MARTIN: *Tiroler Bergweihnacht*, Reith im Alpachtal 2000.

RENK, ANTON: *Über den Firnen. Unter den Sternen*, München/ Leipzig 1907.

SACHSLEHNER, JOHANNES: *Weihnachten im alten Österreich*, Wien/ Graz 2009.

STUDIOHEFTE 11, *Friede auf Erden*, Tiroler Volkskundemuseum, Innsbruck 2012.

WATTENER BUCH, *Beiträge zur Heimatkunde von Wattens, Wattenberg und Vögelsberg. Schlern-Schriften 165*, Innsbruck 1958.

ZINGERLE, IGNAZ VINZENZ (HRSG.): *Sagen, Märchen und Gebräuche aus Tirol*, Innsbruck 1891.

Die Heftreihe *Familien feiern Feste* der Diözesen Innsbruck und Bozen Brixen führt Familien durch kirchliche Feste und Bräuche.